나는 왜 화도 제대로 못 낼까?

NINGEN KANKEI GA "SHINDOI!" TO OMOTTARA YOMU HON

© 2014 Jinnosuke Kokoroya

First published in Japan in 2014 by KADOKAWA CORPORATION, Tokyo.
Korean translation rights arranged with KADOKAWA CORPORATION,
Tokyo through TONY INTERNATIONAL.

이 책의 한국어판 저작권은 토니 인터내셔널을 통해 KADOKAWA CORPORATION과의 독점 계약으로
'성림북스'에 있습니다. 저작권법에 의해 한국 내에서 보호를 받는 저작물이므로 무단전재와 무단복제를 금합니다.

인간관계로 더 이상 상처받고 싶지 않은
사람들을 위한 관계 심리학

# 나는
# 왜 화도 제대로
# 못 낼까?

**고코로야 진노스케 지음 | 정지영 옮김**

성림원북스

인간관계가 힘든 여러분에게

저도 한때 힘들었습니다,

하지만 달라졌습니다,

# 편안하고 즐거운
# 인간관계를 바라는 사람들에게

먼저 이 책을 선택해주신 여러분에게 고마운 마음을 전하고 싶습니다. 저는 심리 상담사 고코로야 진노스케라고 합니다. 현재 교토와 도쿄에서 심리학 세미나를 열고 있습니다.

개인 상담을 하던 시절에는 매일 다양한 고민을 안고 있는 사람들이 찾아왔습니다. 그들의 고민 대부분은 인간관계 맺기가 힘들다는 내용이었습니다.

- 소극적이라서 내 기분을 제대로 말하지 못한다.
- 무신경하게 타인에게 상처 주면서 쉽게 상처 입는 내가 싫다.

- 싫어하는 직장 동료를 어떻게 하고 싶다.
- 회사 내 복잡한 인간관계 때문에 아침에 출근하기 괴롭다.
- 귀찮은 분쟁에 말려들어 마음이 편할 때가 없다.
- 어떤 직장에 가도 형편없는 대우를 받고 인정받지 못한다.

이렇게 본격적으로 인간관계에 대해 상담한 지 벌써 7년 남짓 되었습니다. 그동안 총 5,000명 이상의 사람들과 마주했습니다. 하지만 저 역시 인생을 살면서 항상 인간관계 맺기가 힘들고 귀찮았던 것이 사실입니다. 믿기지 않겠지만 말이죠.

저는 심리 상담을 하기 전까지 20여 년 동안 대기업 운송회사에서 근무했습니다. 그곳에서 일하는 동안 인간관계가 원만했다기보다 오히려 괴로움을 겪는 편이었죠.

인간관계가 얼마나 힘들고 귀찮았는지 어느 순간부터 사람들과 많은 교류가 필요한 상황에는 끼지 않으려고 했습니다. 꼭 참여해야 하는 순간에는 조개처럼 입을 꾹 다물고 있거나 억지웃음을 지으며 그저 시간이 지나가기만을 기다렸습니다. 물론 친구나 비즈니스 파트너는 있었습니다. 하지만 그 이외의 사람에게는 항상 일정한 거리를 두었죠. 그런데 마음 깊은 곳에는 항상 외로움이 크게 자리하고 있었습니다.

'혼자라서 외로워.'

'아무도 나를 알아주지 않아.'

'즐겁게 이야기할 수 없어.'

'내가 있으면 분위기가 가라앉아.'

'이 사람은 나랑 있으면 즐겁지 않을 거야.'


저는 매일 이런 기분으로 지냈습니다. 결국 머지않아 이렇게 생각하게 되었죠.


'그러면 혼자 있자.'

'어차피 내 마음 따위 알아주지 않잖아.'

'이렇게 애쓰고 있는데.'

'혼자 있는 편이 편해.'

'할 수 있는 일은 전부 내가 하자.'


그리고 마지막에는 상대가 나쁘다고 생각하게 되었습니다.


'나를 이해하지 못하는 사람은 잘못되었어.'

'나한테 흥미를 보이지 않다니 심하잖아.'

이렇게 자기 합리화를 해서라도 저 자신을 지키려고 했습니다. 스스로 마음에 벽을 쌓고 외로운 저 자신을 필사적으로 지켰습니다. 그리고 내가 쌓은 벽 안으로 들어오지 않는 상대를 원망하고, 마음의 벽 속에 갇혀버린 제 자신은 열등감을 느꼈습니다. 이런 생각은 점차 업무 관계뿐 아니라 친분이 있는 지인, 친구와 가족에게까지 미쳤습니다.

하지만 어떻게 해야 좋을지 그때는 알지 못했습니다. 당시 제가할 수 있었던 일은 그저 인정받기 위해 필사적으로 노력하고, 먹고 자는 일까지 잊을 정도로 일을 하며, 자존심을 지키기 위해 주변과 싸우는 일뿐이었습니다. 정말 힘겨운 인생이었습니다.

하지만 상처 입는 일을 두려워한 나머지 스스로 선택한 인생이었습니다. 그래서 주변 사람에게 많은 상처를 준 것을 생각하면 지금도 가슴이 아픕니다.

그러나 이렇게 관계 맺기에 서툴고 쉽게 상처 입었기 때문에 20년간의 샐러리맨 생활을 끝내고 심리 상담사가 될 수 있었습니다. 그리고 그동안 왜 그렇게 괴롭고 외롭게 지냈는지 내 문제를 들여다보고 해결하는 과정에서 인간관계에 대한 다양한 법칙들을 발견할 수 있었습니다. 그렇게 발견한 법칙들을 이 책을 읽는 여러분에게 전달하고자 합니다.

저는 '단 한 마디로 당신의 성격은 바뀔 수 있다!'라는 메일링 서비스를 제공하고 있습니다. 지금은 3만 부 정도까지 발행하고 있죠. 메일링 서비스를 제공하고 심리 상담을 하면서 내리게 된 결론은 '단 한 마디로도 상대의 고민과 성격을 바꿀 수 있다'는 것입니다. 어느 고객에게 들은 말은 제 스스로 내린 결론을 확고하게 해주었습니다.

"고코로야 씨의 이야기를 듣기만 해도 고민이 싹 사라지는 듯해요."

거짓말 같지만 단 한 마디로 사람이 바뀌거나 혹은 단 하나의 이야기로 고민이 사라지는 것을 저는 경험했습니다.

이 책은 고민을 해결하는 구체적인 노하우를 담은 것이 아닙니다. 지금까지 상담을 진행한 이후 '사고방식이 바뀌었다!', '편해졌다!'라고 했던 고객들의 사례만을 엄선해 인간관계가 힘들어서 이 책을 손에 든 여러분을 상담하듯이 쓴 것입니다.

인간관계가 힘들다고 느끼는 여러분, 저도 힘들었지만 바뀌었습니다. 이 책을 통해 여러분의 인간관계가 편하고 즐거워지기를 진심으로 바랍니다.

# 차례

Chapter
**1**

# 왜 나는
## 관계 맺기가 힘들까?
-인간관계가 힘들 수밖에 없는 이유들

# 왜 인간관계는
# 힘들까?

'힘들다.'

매일 그렇게 생각하면서 타인과 어울리는 것은 괴로운 일이다. 인간관계로 심하게 우울해하다가 자기 탓으로 돌리기도, 미워하기도 하고, 누군가에게 화를 내거나 타인을 강하게 질책하고 싫어하기도 한다. 어떻게 하면 너무나 힘든 인간관계에서 도망칠 수 있을까? 이렇게 생각하는 여러분에게 질문 하나 하겠다. 어떤 상황에서 인간관계가 힘든가?

자연스럽게 잡담할 수 없을 때, 처음 만난 사람과 대화를 이어

나가지 못할 때, 타인의 시선이나 평가가 신경 쓰일 때, 불편한 사람이 있을 때, 사람을 사귀는 일이 귀찮을 때 등 여러 가지 상황이 있을 것이다. 그런데 이런 일을 전혀 신경 쓰지 않고 여러 사람과 즐겁게 이야기하거나 새로운 만남을 기대하는 사람도 있다. 즉 같은 상황에 있어도 인간관계가 힘들다고 느끼는 사람과 그렇지 않은 사람이 있다. 두 사람은 도대체 무엇이 다를까?

이번 장에서는 먼저 '어째서 인간관계가 힘든가?'라는 간단하면서도 근본적인 문제를 마주하는 데 도움이 되는 이야기를 살펴보자.

# 인간관계가
# 괴로운 핵심 이유

## 꽃가루 법칙
## _싫은 일에 반응해버린다

지금은 희망하는 사람이 너무 많아 개인 상담을 중지했지만, 고 코로야 상담실에는 다양한 사람이 찾아왔다. 회사원, 경영자, 무직자, 학생, 주부, 60세가 넘은 사람, 정신과에 다니는 사람……. 또 툭 하면 화내는 사람, 내성적인 사람, 분위기 파악을 잘 못하는 사람, 자신의 생각을 타인에게 말하지 못하는 사람, 자신감이 없는 사람……. 이렇게 다양한 사람이 있었다.

이렇게 다양한 사람들이 각기 다른 인간관계에 대한 문제로 고민하는 것 같지만 고민의 형태는 거의 비슷하다. 가령 타인에게 무시당하는 일이 벌어졌다고 하자.

- A씨는 그 사건에 대해 깊게 생각하고 고민했다
- B씨는 그 사건에 대해 전혀 신경 쓰지 않았다

이 경우 고민의 원인은 사건이 아니라 A씨의 깊게 생각하고 고민하는 마음이다. 또 다른 예를 들어보자. 주변에 "○○해야 해!"라고 강하게 주장하는 사람이 있다고 하자.

- A씨는 주장하는 사람에게 '왜 그런 주장을 밀어붙이는 거야!'라며 분노를 느꼈다.
- B씨는 주장하는 사람이 있어도 '아, 그렇게도 생각하는구나'라며 신경 쓰지 않았다.

이 경우도 고민의 원인은 강하게 주장하는 사람이라기보다 A씨의 분노를 느끼는 마음이다. 즉, 인간관계에서 고민의 원인은 고민을 만드는 마음이다. 다르게 표현하면 그 사건을 괴롭고, 문제라고 느끼는 마음이다. 이런 고민의 원인을 나는 종종 꽃가루 알레르기에 비유한다. 봄이 되면 일본에는 엄청난 양의 삼나무 꽃가루가 흩날린다.

- A씨는 꽃가루에 몸이 반응해서 계속 재채기를 한다.
- B씨는 꽃가루가 날리고 있다는 사실조차 알지 못한다.

A씨에게 꽃가루는 문제다. 그러나 B씨에게는 문제가 아니다. 세상에 꽃가루에 날리고 있다는 사실에는 변함없다. 즉 꽃가루 자체가 문제는 아니다. 진정한 문제는 꽃가루에 반응하는 A씨의 몸에 있다.

꽃가루 알레르기가 있는 사람은 꽃가루에 대한 항체가 있어 반응한다. 그 정도가 심하든 그렇지 않든 주변에서 꽃가루를 전부 없애버릴 수는 없는 노릇이다. 그나마 마스크를 써서 흡입 양을 조금이라도 적게 할 수밖에 없다. 피해 지나갈 수도, 무시할 수도 없다. 이때 가장 효과적인 방법은 자신의 체질을 바꾸는 것이다.

인간관계에 대한 고민도 이와 같다. 특정한 사람이나 사건에 반응하는 까닭은 상대의 언행과 사건에 대한 항체가 있기 때문이다. 결국 그 항체가 문제의 원인이라고 할 수 있다.

인간관계에서도 마찬가지다. 상대의 말이나 행동에 반응해 필사적으로 상대를 몰아세워 바꾸려고 한다. 물론 당연하게도 이런 식으로는 전혀 문제가 해결되지 않는다. 이는 꽃가루를 없애려고 하는 것과 같기 때문이다. 상대의 문제가 아니라 그 사람의 언행을 불편하게 느끼는 것, 즉 반응하는 자신의 내면에 문제가 있다.

인간관계로 고민하고 힘들어한다는 것은 자신의 마음이 무언가에 반응하고 있다는 뜻이다. 그것이 무엇인지 확인해 먼저 개선하는 일이 중요하다.

Point 마음에도 꽃가루 알레르기가 있다.

# 진정한 문제는
# 자신의 내면에 있다

**같은 뿌리의 법칙**

_ 잘 생각해보면 본질은 하나다

인간관계가 힘들다고 느끼는 사람은 사실 두 부류밖에 없다.

- 자신의 언행으로 곤란을 겪는 사람
- 타인의 언행으로 곤란을 겪는 사람

즉, '내 성격이 나쁘다!', '내 행동을 바꾸고 싶다!'라며 본인에게 문제가 있다고 생각하는 사람과 '나를 화나게 하는 사람이 있다', '나를 고민하게 하는 사람의 성격을 바꾸고 싶다' 등 타인에게 문제가 있다고 생각하는 사람이다. 그런데 이 두 부류는 다른 듯이 보여도 사실 똑같다. 양쪽 다 내면에 문제가 있는 것이다.

'첫째는 자신이 한 말과 행동으로 곤란을 겪는 것이니 그렇다 쳐도, 두 번째는 타인의 언행으로 곤란함을 겪는 것인데도 자신의 문제라고?'

물론 이렇게 생각할 수도 있다. 하지만 타인의 문제도 나의 내면에 문제가 있기 때문에 눈에 띄는 것이다. 가령 직장에서 매사에 말투가 과격한 Q씨가 있다고 하자. 이 경우 '내가 마음에 들지 않는 일을 했나?'라고 자신의 내면에서 문제를 찾는 사람과 '왜 저 사람은 저런 말투만 쓰는 거야?'라고 Q씨에게서 문제를 찾는 사람이 있다. 하지만 두 사람 모두 Q씨의 과격한 말투가 신경 쓰인다는 점에서 같다. Q씨가 쓰는 언행에 반응하는 것이다. 즉 Q씨의 말투가 앞서 예로 들었던 꽃가루인 셈이다.

애초에 Q씨의 말투를 신경 쓰지 않는 사람도 있다. 누군가 타인의 언행에 문제가 있다고 느끼는 것은 자기 내면에 반응하는 무언가가 있기 때문이다. 그래서 '그 사람의 무신경한 행동을 두고 볼 수 없어', '저 상사가 업무를 지도하는 방법에는 문제가 있어'라며 타인의 언행이 문제라고 생각하는 것도 결국 자신의 언행을 문제라고 생각하는 경우와 뿌리가 같다. 어느 쪽이나 뿌리는 자신의 내면에 있다. 상대방이 못마땅한 것은 자신의 꽃가루 알레르기가 원인인 것이다.

**Point**

누군가와 자꾸 부딪친다면 자기 자신을 먼저 돌아봐야 한다.

자신을 싫어하는 것과

상대를 보고

화가 나는 것은 같은 문제다.

# 내가 바뀌면
# 미워하는 상대도 바뀐다

**거울의 법칙**

_ 나만 옳다는 생각에서 문제가 발생된다

상담할 때 고객들은 자주 이런 내용을 토로했다.

"동료 중 성격에 문제 있는 사람이 있어서 고민스러워요."
"주변에 미운 사람이 많아서 괴로워요."

바로 타인의 문제 때문에 곤란한 일을 겪고 있다는 것이다. 이런 타인의 문제에 대해 "내가 싫어하는 사람이 마음의 상처를 찌르고 헤집는데 그 행위를 멈추게 할 방법은 없을까요?"라고 질문한다. 그럴 때 나는 항상 이렇게 대답한다.

"당신이 아무리 바꾸려고 해도 상대는 바뀌지 않아요. 하지만 당신 자신이 바뀌면 고민이 사라지지요."

그러면 대부분 '나쁜 건 상대방인데 왜 내가 바뀌어야 해?'라고 생각한다. 그리고 이렇게 주장한다.

"나는 문제가 없는데."
"나는 나쁘지 않아요."

사실 '나는 옳고, 틀리지 않았다'라고 생각하면서부터 인간관계에 문제가 시작된다. 대화할 때 타인의 가치관을 받아들이지 않는 삶의 태도를 이미 취하고 있기 때문이다. 그리고 상대의 삶의 태도나 가치관을 완전히 부정한다. 자신이 옳고 훌륭하다는 것을 증명하고 싶어서 계속 잘못된 언행을 하는 사람을 찾는다.

그리고 문제가 발생하는 이유를 자신이 아니라 상대방이 나쁘기 때문이라고 생각한다. 이런 사람은 '나라면 저런 일은 하지 않아'라고 자신한다. 하지만 상대방이 나쁘다고 생각하는 이유는 자신이 절대 하지 않고, 해서는 안 되고, 잘못되었다고 생각하는 행동을 상대방이 하기 때문에 반응하는 것이다.

그런데 '나는 옳고, 틀리지 않았다'라고 생각하는 사람은 자기 내면의 이런 문제를 해결하지 않고 오히려 다른 사람에게 불만을 품고, 상대를 공격하거나 바꾸려고 하거나 일이나 모임에서 배제시킨다. 그래서 시간이 흘러도 나쁜 사람이 항상 눈에 띄고, 문제로 느껴진다.

그래서 아이러니하게도 자기 문제로 인해 어디에 가든, 아무리 시간이 흘러도 문제가 있는 사람이 항상 주변에 있게 된다. 따라서 싫어하는 사람이 자신이 하는 일을 방해하거나 마음의 상처를 건드리는 행위를 멈추게 하려면 문제의 원인을 자신의 내면에서 찾아야 한다. 즉 자신의 마음가짐을 개선해야 한다.

만약 싫어하는 사람을 자신의 의도대로 바꾸었다고 해도 근본적인 문제는 해결되지 않았기 때문에 곧 재발하고 만다. 타인을 바꾸는 방법이 존재한다면 그것은 자신이 옳다는 착각에서 깨어나 스스로를 바꾸어 가는 방법 외에는 없기 때문이다.

그러니 무조건 타인을 바꾸려고 하는 것보다 자신의 문제가 무엇인지 찾는 것이 더 중요하다. 그것이 문제 해결의 핵심이다.

 항상 나만 옳다는 착각에서 깨어나자.

# 불편한 사람을 보면
# 자신을 알 수 있다

도깨비 법칙

_ 타인은 자신을 투영한다

"저 사람의 말투가 싫어요."
"저 사람의 행동이 거슬려서 견딜 수가 없어요."

이렇게 말하는 사람에게는 나는 다음과 같이 말한다.

"눈앞에 있는 사람은 당신을 비추고 있어요."

"눈앞의 사람의 싫은 점이 당신에게도 있어요."

하지만 대부분 사람들은 쉽게 납득하지 못한다. 그럴 때 나는 도깨비 법칙에 대해 이야기해준다.

어느 안개 자욱한 날 여행자가 걸어가고 있었다. 그리고 눈앞에 거대한 도깨비가 나타났다. 여행자는 "도깨비가 나타났다!"라며 놀라 쏜살같이 도망쳤다. 그런데 그 도깨비는 여행자의 뒤에서 내리쬐는 햇빛 때문에 생긴 자신의 그림자였다.

결국 거대한 도깨비는 여행자 자신의 그림자였다. 이렇게 어떤 현상에 대해 과학적으로 명확하게 설명하면 별일 아니지만 그런 지식 없이 눈앞에 도깨비가 나타나면 누구나 놀라지 않을까? 이것은 인간관계에도 적용할 수 있다.

가령 자신의 내면에 다른 사람을 무시하는 욕구가 있다고 하자. 하지만 과거 안 좋은 경험을 겪은 후 '나는 절대로 다른 사람을 무시하지 않겠어'라고 다짐했다. 즉 현재 '다른 사람을 무시해서는 안 돼'라고 머릿속에 강하게 각인되어 있는 상태다. 그래서 다른 사람을 무시하고 싶은 욕구가 솟구쳐도 절대 입 밖으로 내

뱉지 않는다.

그런데 자신의 뒤에서 빛이 내리쬔다. 그러자 내가 숨기고 억눌렀던 타인을 무시하는 욕구가 싫어하는 사람에게 크게 투영되어 눈앞에 나타난다. 자신이 숨겨 왔던 욕구가 눈앞에 크게 비춰져 몹시 놀라게 된다. 그리고 더욱 혐오스럽게 느껴지기도 한다. 마치 커다란 도깨비가 나타난 것처럼 말이다. 정리하지 않아 뒤죽박죽인 옷장 안을 누군가 몰래 사진을 찍어 게시판에 올려 만천하에 자신의 부끄러운 점이 드러난 기분이라고나 할까?

만약 그가 자신의 내면에 다른 사람을 무시하는 욕구가 있음을 인정한다면 눈앞에 투영되어 나타나도 크게 반응하지 않을 것이다. "이미 알고 있어"라는 정도일지도 모른다. 그러니 자기 앞에 싫거나 불편한 사람이 있다면 자신이 억눌러 온 욕구가 도깨비가 되어 나타난 것이라고 생각하자. 하지만 대부분의 사람들은 내가 이런 말을 하면 다음과 같이 말한다.

"비슷할지도 모르겠지만 나는 그 사람만큼 심하지 않아요."

중요한 것은 정도나 크기의 문제가 아니다. 자신이 싫어하는 사람이 지닌 요소가 자기 안에도 있는지, 더 나아가 그 점을 스스

눈앞에 나타난 싫은 사람을

그동안 억눌러 왔던

자신의 욕구라고 인정해본다.

로 인정하는지, 부정하는지의 문제다.

어느 날 문득 나타난 도깨비는 존재를 인정하지 않으면
점점 커진다.

# 자신의 나쁘고,
# 약한 면을 받아들인다

## 천적 선택의 법칙

_ 싫어하는 사람을 끌어당긴다

주변에 싫거나 불편한 사람만 있다면 틀림없이 인간관계가 힘들 것이다. 왜 내 주변에는 유독 싫거나 불편한 사람만 있는 걸까?

우선 자신의 몸이 직소 퍼즐이라고 상상해보자. 직소 퍼즐은 적게는 12개부터 많게는 수천 개의 조각으로 이루어져 있다. 그 조각들을 하나하나 맞추면 완성된 그림이 되는 것이다. 사람 역시 마찬가지다. 대부분 자신의 성격은 한 가지라고 생각하는 사람이 많지만 실은 직소 퍼즐 조각처럼 다양한 성격이 한데 모여 이루어져 있다. 예를 들어, 아무리 화를 잘 내는 사람이라도 누군가에게는 다정해진다는 게 그 증거다. 무척 내성적인 사람도 어떤 사람 앞에서는 매우 활발해지기도 한다. 이렇게 상황에 따라 만나는 사람에 따라 나타나는 성격은 다르다.

그런데 우리는 태어나서 지금까지 부모님과 선생님, 친구, 텔레비전, 책 등에서 '이렇게 해라', '이렇게 해서는 안 된다', '이렇게 해야 한다'라는 식으로 다양한 생각을 배웠다. '남자는 이래야 한다', '여자는 이래야 한다', '어른은 이래야 한다'와 같은 상식, 예의, 논리, 역할에 관한 것들이다.

그런 생각을 배우면 '아, 이런 건 나쁜 일이구나' 하고 자신의 내면에 있는 조각(성격) 중 하나를 나쁜 조각, 약한 조각, 부족한 조각이라고 여겨 감추거나 혐오해서 밖으로 버리려고 한다. 그리고 혐오하는 조각을 제거해 자신은 깨끗한 사람, 좋은 사람, 연약하지 않은 사람, 유능한 사람인 척 살아가려고 한다.

그런데 자신이 내면에서 조각을 밖으로 버려 깨끗해졌다고 생각하는 것은 착각이다. 마치 창문 밖으로 쓰레기를 던져버린 것처럼 주변이 온통 버린 조각으로 뒤덮이기 때문이다. 그리고 그 조각은 결국 싫거나 불편한 사람의 모습으로 자기 앞에 나타난다. 자기 주변에 형편없는 사람만 있다고 불평하는 건 어쩌면 당연한 일이다. 자신만 좋은 사람, 착실한 사람이고자 했기 때문에 이런 일이 발생한 것이다.

예를 들어, 야단맞는 것을 싫어하면서 자란 사람은 자신의 내면에서 '야단친다'는 조각을 버리려고 한다. 그러면 자기 주변에 항상 야단치는 사람이 나타난다. 게다가 '야단친다'는 조각을 버리면 버릴수록 자기 안에도 야단치고 싶다는 생각이 있다는 것을 드러낼 일이 생긴다. 타인에게 야단맞는 상황을 맞닥뜨리거나 자신이 야단치는 것을 멈추지 못하는 것이다.

또한 여성이 힘없는 아버지를 보면서 '연약한 사람이 싫어'라고 생각해 연약함이라는 조각을 자신의 내면에서 버렸다고 하자. 그러면 자신이 버린 연약함을 가진 누군가(남성)가 그 여성의 곁으로 다가온다. 그 사람이 결혼상대가 되기도 한다. 이것이 결혼상대로 천적을 선택하는 법칙이다.

이렇듯 사람들은 제각각 성장하면서 자기에게 필요 없고, 안 좋다고 생각하는 면들을 인생이라는 길 위에 함부로 버린다. 그리고 조각을 지나치게 버리면 자신이 어떤 성격이었는지, 어떤 면을 지닌 사람이었는지 본모습을 잃어버리게 된다.

그렇게 되지 않으려면 스스로 인정하고 싶지 않거나 쓰레기처럼 내다 버리고 싶은 모습 역시 자신의 일부분이라는 사실을 인정하고 다시 받아들여야 한다. 그러면 퍼즐이 완성되듯 자신의 진정한 모습도 점차 깨닫게 될 것이다. 마찬가지로 자신이 버린 면을 가진, 천적이라고 느껴지는 사람을 배우자로 받아들여 있는 그대로의 모습을 사랑하면 진정한 자신의 모습을 되찾을 수도 있다.

싫거나 불편한 사람이 있을 때, 그 사람을 자기 내면에서 버렸던 조각이라고 생각하자. 그리고 그 조각을 비어 있던 자기 성격의 한 부분으로 인정해 되돌려 보내는 상상을 해보자. 아마 그동안 불편했던 일상이 바뀌는 것을 경험하게 될 것이다.

**Point**

쓰레기처럼 버리고 싶은 자신의 모습 역시 인정하고 받아들여야 한다.

# 눈앞의 일보다
# 근본에 집중한다

똥의 법칙

_ 싫은 일은 근본적으로 없앤다

"고약한 냄새는 근본적으로 제거해야 해요."

예전에 일본에는 이런 광고 문구가 있었다. 나와 동세대인 사람은 알 것이다.

하지만 고약한 냄새가 나는 곳에 악취 제거 스프레이를 뿌려도 일시적일뿐 시간이 지나면 또 난다. 이럴 때는 냄새의 근본적인 원인을 밝혀내 제거해야 한다. 잘 일어나지 않는 일이지만 출근했다가 집에 돌아왔는데 똥 냄새가 난다고 가정해보자. 그러면 누구나 제일 먼저 악취 제거 방법을 생각할 것이다. 냄새 제거 용품이나 향수를 이용할 수도 있다. 하지만 일시적으로 아주 잠깐 괜찮아지는 듯해도 또 냄새가 나기 시작한다. 어딘가에 똥이 있기 때문이다.

이것을 인생에 비유해보자. 눈앞에 싫거나 불편한 사람이 있다. 또는 화가 나는 사건과 그에 대해 불만이 있다. 이런 것을 냄새에 비유할 수 있다. 우리는 이 냄새를 없애기 위해 다양한 고민을 한다. 대하는 방법을 바꾸거나, 상대를 바꾸려고 하거나 무시하는 등 여러 가지 대책을 마련해본다. 그러면 문제가 일시적으로 해결되기도 한다.

가령 불편한 상사가 있다면 대하는 방법이나 부서를 바꾸거나, 아예 이직하는 방법도 있다. 하지만 이상하게 이직한 곳에도 비슷한 유형의 불편한 상사가 있다. 다시 냄새가 나기 시작하는 것이다. 이것은 똥이 남아 있기 때문이다.

계속 냄새가 난다는 것은 여전히 똥이 어딘가에 있다는 것을 말한다. 똑같은 문제가 반복되어 나타난다는 것 역시 문제의 근원이 남아 있다는 것이다. 그 문제의 근원을 해결하지 않은 채 일시적으로 상황을 바꾸려고 해봤자 재발하게 되어 있다. 냄새, 즉 싫은 사건이나 사람이 존재한다는 것은 자기 마음속에 마치 똥처럼 자신이 더러워서 외면하는 것, 만지기 싫어하는 것이 있음을 나타낸다. 자신이 먹거나 마신 것으로 만들어졌는데도 우연히 닿기라도 하면 소스라치게 놀라 얼른 닦아내는 똥처럼 우리는 내면에 엄연히 존재하는 근본적인 문제에는 관심조차 갖지 않으려고 한다.

'화장실 청소를 하면 좋은 일이 생긴다'라는 말이 있다. 우리가 내면 속 똥에 시선을 돌려 적극적으로 해결하려고 하면 그 말처럼 좋은 일이 생길지도 모른다. 참고로 똥을 잘 치워 모으면 좋은 비료가 된다.

자, 여러분의 똥은 무엇인가? 똥의 정체는 자신의 내면에 숨겨진 근본적인 문제, 외면하고 싶은 트라우마일지도 모른다.

**Point** 자신의 성격 중 가장 싫어하는 면이 무엇인지 찾아보자.

# 인생의 숙제를
# 빨리 끝내자

**방학 숙제 법칙**

_끝내기 전까지 없어지지 않는다

초등학교 시절을 떠올려보자. 잘 따라가지 못한 과목은 무엇이었
는가? 나는 수학이었다. 방학이 되면 수학 숙제를 개학 전날까지
미루곤 했다. 하나도 풀지 않아 새것 같은 수학 문제집을 보고,
여름방학의 마지막 날 엄마는 항상 이렇게 말씀하셨다.

"너 수학 문제 하나도 안 풀었구나? 어떻게 하려고 그러니!"

이 상태가 지금 자신이 맞닥뜨리고 있는 인간관계라고 할 수 있다. 사람들은 그 숙제(인간관계 문제)가 하기 싫어서 내게 상담을 하러 온다.

"엄마가 매일 숙제하라고 잔소리를 해요." ➡ 심한 말을 하는 사람이 있다.

"숙제를 하지 않을 방법은 없을까요?" ➡ 어떻게든 피하고 싶다.

"숙제를 생각하면 잠이 오지 않아요." ➡ 괴롭다.

"숙제가 산더미처럼 쌓여 있어요." ➡ 피하기만 해서 해결할 능력이 없다.

"수학이 정말 싫어서 이제 하고 싶지 않아요." ➡ 자신의 생각을 말하지 못했다.

그렇다. 여름방학 숙제가 아직 끝나지 않은 것이다. 게다가 '어째서 이런 숙제가 있는 거야. 이렇게 귀찮은 일은 하고 싶지 않아'라고 생각하고 있다. 귀찮아서 마지막 날까지 끝내지 못한 방학 숙제처럼 인간 사회에서 살면서 가장 귀찮은 것은 어쩌면 관계 때문에 생기는 다양한 문제일지도 모른다. 그리고 엄마가 방학 숙제를 하지 않았다고 잔소리를 하듯이 인간관계의 문제를 풀지 못하면 끊임없이 스트레스를 받게 된다.

하지만 슬프게도 인생의 숙제는 "하는 수 없지. 그럼 하지 않아도 돼"라고 넘어갈 수 없다. 만약 엄마가 "할 수 없으면 하지 않아도 돼. 다음에 하자"라고 허용해주었다고 해보자. 하지만 그 다음에는 아빠나 선생님이 와서 숙제를 하라고 할 수도 있고, 다른 형제가 와서 재촉할지도 모른다. 심지어 생뚱맞게 이웃 아저씨가 와서 숙제를 하라고 할지도 모른다. 이렇게 인생에서는 숙제를 다 하기 전까지 누군가가 계속 와서 그 문제를 들추어내게 된다.

예를 들어, 회사원이라면 상사나 부하 직원, 주부라면 남편이나 아이, 시어머니나 시누이, 학생이라면 부모님이나 선생님, 경영자라면 고객이나 부하 직원, 고객의 클레임이나 경영상의 고민……. 수없이 많다. 그런 사람이나 상황을 통해 우리는 자신이 하지 않은 숙제가 있음을 깨닫게 된다.

만나면 불편한 사람, 딱히 이유는 없는데 싫은 사람이나 사건을 만났을 때 뜻대로 대처하지 못할 때가 있다. 어떤 관계나 상황에서 자신이 원하는 대로 할 수 없다는 것은 그동안 해결하지 못한 숙제가 있다는 것을 말한다.

이때 그냥 넘어가지 말고 왜 그렇게 되었는지, 어떤 점이 싫었는지 집중적으로 자신의 감정을 분석해볼 필요가 있다. '어떤 말을 하지 못했는가?', '무엇이 싫은가?', '왜 그렇게 싫은가?' 같은 질문을 통해 그동안 미루어 두었던 숙제를 하나씩 해보자.

**Point**

숙제를 하지 않으면 인간관계는 절대 개선되지 않는다.

## 원활한 인간관계를 위한 Tip 1

★ 같은 상황에 있어도 인간관계가 힘들다고 느끼는 사람과 느끼지 않는 사람이 있다.

★ 타인의 언행에 싫은 부분이 있을 때는 자신의 마음이 무엇에 반응하는지 확인해보자.

★ 자기 내면의 문제를 해결하지 않는다면 아무리 시간이 흘러도 싫은 사람만 눈에 들어온다.

★ 무엇이 싫은가? 어째서 그렇게 싫은가? 그것이 자신이 남겨놓은 숙제다. 이 기회에 숙제를 해보자.

# 왜 항상
# 다른 사람은
# 대단해 보일까?

-자신을 항상 형편없다고 생각하는 사람들에게

# 인간관계를
# 힘들게 하는 세 가지

인간관계가 힘들다고 느끼는 마음 상태는 다음과 같이 세 종류로 나눌 수 있다.

1. I'm not OK, you're OK.

(나는 잘못되었고, 당신은 옳다.)

'나를 믿을 수 없다', '내가 싫다', '나는 가치 없는 사람이다'라고 열등감에 시달리는 상태다. 다른 사람이 큰 존재처럼 느껴지고, 마냥 부럽다.

2. I'm OK, you're not OK

(나는 옳고, 당신은 잘못되었다.)

'나는 옳다', '당신은 나쁘고 잘못되었다'라고 느끼는 상태다. 자신만이 옳다고 생각하므로 누군가 자기 뜻에 반하는 행동을 하면 불같이 화를 내거나 공격한다.

3. I'm not OK, you're not OK.

(나도 당신도 잘못되었다.)

타인을 용납할 수 없고, 나 자신도 용납할 수 없는 상태다. 타인에게도 자신에게도 비관적인 태도를 보이며, 괴로움이 극에 달해 있다. 이것은 성격의 문제가 아니라 마음의 문제다. 따라서 그 사람이 처한 상황에 따라 상태가 바뀐다.

이번 장에서는 각 상태에 따라 마음을 치유해주는 사례들을 모았다. 특히 1. I'm not OK, you're OK. 상태인 사람들에게 들려주고 싶은 이야기를 담았다. 자신의 역할과 가치, 능력을 상실한 사람이 자연스럽게 자신을 인정할 수 있는 법칙이다.

'나는 안 돼.'

'나는 가치 없는 인간이야.'

이런 생각을 가슴에 품고 있다면 꼭 한 번 읽어보기 바란다.

# 감추지 않으면
# 삶이 편안해진다

**가발의 법칙**

**_ 좋은 사람 콤플렉스가 성장을 막는다**

사람들은 진정한 자신의 모습을 감추며 살아간다. 툭 하면 화를 내는 성격이지만 성격 좋은 사람인 척을 하고, 원래 상냥한 사람인데도 엄한 상사인 척을 한다. 사실 야한 것을 좋아하지만, 전혀 관심 없는 척을 하기도 한다.

   이런 행동을 하는 까닭은 '부끄러워서', '보기 흉할까 봐', '사람들이 싫어할 것 같아서' 등 주변의 평가를 신경 쓰기 때문이다.

이렇게 진정한 자신의 모습을 감춘 채 좋은 사람, 이상적인 자세, 정해진 역할이라는 가면을 쓰고 살아가다 보면 숨이 막힐 정도로 괴로워진다.

그런 사람들에게 나는 이렇게 말한다.

"안타깝지만, 당신이 가면을 쓰고 있다는 사실을 다들 이미 알고 있어요."

실제로 가발을 쓰는 분들에게는 죄송하게 생각한다. 하지만 나는 상담하는 중에 종종 가발에 비유해 설명을 하기도 한다. 실제로 누군가 가발을 착용하면 주변 사람 대부분이 금세 알아차린다. 하지만 당사자가 '내가 가발 쓰는 건 아무도 모르겠지'라고 철석같이 믿고 있으면 주변 사람들은 눈치를 보며 행동하는 수밖에 없다.

예를 들어, 어떤 회사에 신입사원이 들어왔다고 하자. 그러면 주변 사람들은 쉬쉬 하며 가발 쓰는 사람 모르게 주의사항이라며 몰래 가르쳐준다.

"저 사람은 가발을 쓰니까. 그 앞에서는 절대 머리에 대해 이야기

"

진정한 모습을

감추고 살면 숨이 막힐

정도로 괴로워진다.

"

하지 마."

　그런데 아무래도 가발 쓴 사람과 대화하다 보면 자기도 모르게 머리 쪽으로 시선이 쏠리기 마련이다. 하지만 가발 쓴 사람 앞에서 일부러 "어, 이 머리 가발이죠?"라고 말하는 사람은 없다. 성인이라면 당사자가 말하지 않는 한 그 부분에 대해서는 언급하지 않는다. 당연히 만져보는 것은 상상도 할 수 없다.

　당사자가 먼저 용기 내어 "내 머리, 사실은 가발이야"라고 말하면 그제야 주변 사람들은 "어머, 그랬어요?"라고 깜짝 놀란 척을 한다. 그리고 마음속으로 안도의 한숨을 쉰다.

'아, 이제 드디어 머리 이야기를 해도 되겠구나.'

　그래서 나는 다시 한 번 강조하고 싶다. 가발 쓴다는 사실을 숨기려고 해도 금세 들통 난다고. 자신의 진정한 모습도 마찬가지다. 그러니 하루빨리 진짜 자기 모습을 드러내 보이는 편이 낫다. 그러면 마음이 한결 가벼워지고, 기분도 즐거워진다.

　주변 사람들에게 항상 완벽한 모습을 보여줄 필요는 없다. 이제부터라도 '부끄럽다', '보기 흉하다'라고 생각하는 것을 있는 그대로 숨김없이 내보이자. 종종 망가지는 모습을 보이거나, 실패도 하면서 살아가는 사람이 더 매력적이지 않을까?

자신이 쓰고 있는 가면을 벗어라.

# '지금까지'와
# '지금'을 다르게 보라

부정적인 사고 습관의 법칙

_ 미래가 불안해진다

'지금까지 제대로 되지 않았으니까 분명히 다음에도 실패할 거야.'

'지금까지 이런 말을 해서 무시당했으니까 분명히 다음에도 그럴 거야.'

'지금까지 상사가 이야기를 들어주지 않았으니까 분명히 다음번에도 그럴 거야.'

이런 생각 때문에 불안한 적이 있지 않은가? 우리의 사고 패턴은 기본적으로 과거의 경험으로 이루어져 있다. 즉 누군가에게 들은 이야기, 당한 일, 빈번하게 일어난 일, 배우거나 경험한 일을 통해 '이럴 때는 이렇게 된다'라는 규칙을 바탕으로 자신만의 사고 패턴을 만들어낸다. 그리고 지금 현재 눈앞에 일어나는 사건을 자신의 패턴과 대조해서 매사를 판단한다. 즉 우리가 사고하는 습관은 다음과 같은 패턴으로 생성된다.

'지금까지 이랬으니까 분명히 이번에도 이럴 거야.'
'지금까지 이랬으니까 분명히 미래에도 이럴 거야.'

매사 과거가 미래로 바로 연결된다고 생각하는 사고 패턴이다. 지금까지 경험해 온 것을 미래에 대입해 동일시하는 '과거=미래' 식의 일직선 사고 습관이라고도 할 수 있다. 이 패턴에는 두 종류가 있다.

'지금까지 제대로 되었으니까, 다음에도 분명히 성공할 거야.'

이런 긍정적인 사고 습관을 지닌 사람은 마음이 편하다. '지금까지 성공해 왔으니까 분명히 다음에도 성공할 거야'라고 생각하기 때문이다. 살아가는 데에는 때로 근거 없는 자신감도 필요하다.

반면 부정적인 사고 습관을 지닌 사람은 당연히 과거와 같은 미래가 기다리고 있다고 생각하므로 항상 불안해하며 다음과 같이 확신한다.

'전에도 실패했으니까, 분명히 다음에도 안 될 거야.'

그러니 불안을 느낄 때는 일단 멈춰 '나는 습관적으로 지금 일어나는 일을 미리 속단하려고 하지 않는가?' 하고 생각해보자. 즉, '제대로 일이 되지 않을 거라고 이미 스스로 믿고 있는 것은 아닌가?' 하고 의심해보는 것이다. 어쩌면 진짜 미래가 불안한 것이 아니라 단지 부정적인 사고 습관에 빠져 있었던 것뿐인지도 모른다.

**Point**
부정적인 사고 습관에 빠져 있는 것은 아닌지 의심해보라.

과거에 얽매여

질질 끌려다니지 말고

지금을 살자.

# 속에 담고 있던 말을
# 하면 마음이 편해진다

**노브라의 법칙**

**_콤플렉스가 마음을 닫게 한다**

A씨가 운영하는 잡화점에 단골인 젊은 여성 B씨가 찾아왔다. B
씨는 항상 건강하고 활발한 여성이다. 하지만 그날은 평상시보다
말이 없었고, 마치 자신의 몸을 지키려는 듯 양손으로 가슴 쪽을
감싸고 있었다. A씨가 말했다.

"무슨 일이에요? 안절부절못하고."

A씨의 물음에 B씨는 부끄러운 듯 말했다.

"사실 나 오늘 노브라예요."
"네?"

A씨는 깜짝 놀랐다.

커뮤니케이션에 서툰 사람은 아마 B씨와 같을 것이다. B씨는 브래지어를 하지 않았다는 것이 부끄러워서 다른 사람에게 들키고 싶지 않았다. 그래서 그날 원활하게 커뮤니케이션을 하지 못했다. 아니, 하지 않았다고 해야 할 것이다. 자기 안의 부끄러운 것, 알리고 싶지 않은 것을 필사적으로 숨겨야 했기 때문에 일부러 하지 않은 것이다. 하지만 이렇게는 타인과의 거리를 좁힐 수 없다.

나에게도 비슷한 경험이 있다. 중학생 시절에 따돌림을 당했다. 매우 힘들고 괴로운 사건이었다. 하지만 그 사실을 부모님에게도 형제에게도 그 후에 알고 지낸 사람들에게도 말한 적이 없다. 일부러 이야기하지 않았다.

따돌림을 당한 사람이라고 낙인찍히는 것이 싫었기 때문이다. 알려지는 것을 극도로 싫어했던 나는 그저 그 일과 관계된 모든 것을 감추려고만 했다. 그래서 중학교 시절이나 그 이전의 일을 기억에서 지워버리려고 노력했다.

하지만 그동안 잊었다고 생각했던 문제에 대해 지속적으로 내 마음은 반응하고 있었다. 동료나 친구라는 말은 듣기만 해도 싫었다. 애써 숨기고 있던 과거를 무의식중에 자극하는 말이었기 때문이다. 하지만 그때까지만 해도 그런 내 마음을 깨닫지 못하고 있었다.

어느 정도 시간이 흐른 후 그렇게 해서는 절대 동료나 친구를 만들 수 없다는 것을 알게 되었다. 그 후 나는 의식적으로 다른 사람에게 중학생 시절 겪었던 일에 대해 말하기 시작했다. 죽을 만큼 용기를 내야만 했고, 매우 부끄럽고, 말할 때마다 괴로운 일이었지만 용기를 내 속마음을 털어놓자 오히려 마음이 열리는 게 느껴졌다.

그런데 이야기를 들은 상대의 반응은 약 2초간의 "음"뿐이었다. 나를 깔볼 거라고 예상했지만 그런 반응은 전혀 없었다. 단지 "음", "아, 그럴 수 있지"라는 반응이었다.

이 일을 계기로 대부분의 사람은 타인의 치부에 대한 이야기에는 별로 반응하지 않는다는 사실을 알게 되었다. 지금까지 내가 일급비밀로 꼭꼭 숨기려 했던 생각은 쓸데없는 걱정이었다.

- 체형, 외모 콤플렉스

- 능력과 학력 콤플렉스

- 업무나 경력, 금전적인 콤플렉스

- 가정, 가족 콤플렉스

- 부끄럽고 괴로운 경험에 대한 콤플렉스

- 성적인 콤플렉스

여러분은 어떤 일을 숨기고 있는가? 숨기지 말고 과감히 누군가에게 이야기해보면 분명히 편해질 것이다. 씩씩하게 기운내서 해보자.

자신의 콤플렉스 한 가지를 타인에게 이야기해보자.

# 대부분의 사람은 좋든 나쁘든
# 자기 좋을 대로 본다

**악역의 법칙**

**_ 나쁜 사람일수록 인기가 있다**

- 남의 눈치를 보느라 무심코 좋은 사람인 척을 해서 힘들다.
- 친구 사이의 평판이 신경 쓰여 나답게 행동하지 못한다.
- 직장의 평판을 신경 쓰거나 부하 직원이나 동료에게 미움 받고 싶
  지 않아 나머지 생각을 제대로 말하지 못한다.

**이처럼 세간이나 주변의 평판을 신경 쓰느라 자기의 본모습을**

드러내지 못하는 사람이 있다. 그런 사람에게 나는 다음과 같은 이야기를 해준다.

어느 마을에 불량소년이 있었다. 시도 때도 없이 도둑질이나 싸움을 하고, 때로는 누군가에게 상처 입히는 그야말로 문제아였다. 그런데 어느 날 하마터면 차에 치일 뻔한 할머니를 마침 지나가던 불량소년이 몸을 던져 구했다. 그는 적절한 조치를 한 뒤 이름도 밝히지 않고 떠나버렸다.

마을 사람들은 모두 "그 아이는 행실이 나쁘지만 사실은 착한 아이였어. 지금은 잠시 방황하는 것뿐이야"라고 입을 모았다. 불량소년의 평판은 단숨에 올라갔다.

같은 마을에 매우 행실이 바른 소년이 있었다. 평소 예의 바르고 공부도 잘 하는 아주 착한 아이였다. 어느 날 행실 바른 소년이 우발적으로 남의 속옷을 훔치고 말았다.

그러자 사람들은 "저 녀석이 지금까지 착실했던 건 다른 사람을 방심하게 해서 속옷을 훔치기 위해서였어"라고 말하며 그때까지 했던 좋은 행동까지 전부 부정했다. 그 아이의 평판은 땅에 떨어지고 말았다.

극단적인 예일지 모르지만 평소 평판이 별로 좋지 않은 사람일 경우라도 한 번의 선행에 역전되기도 한다. 반면 평소 평판이 좋은 사람일지라도 한 번의 악행으로 그때까지 쌓아놓은 신용이 추락하기도 한다.

물론 어떤 사람이든 여러 상황에 맞닥뜨리게 되면 결국 본성을 드러내게 되어 있다. 그럼에도 불구하고 이 이야기를 통해 전하고 싶은 것은 남에게 아무리 잘 보이려고 노력해도 대부분의 사람은 자기 좋을 대로 판단하고, 받아들인다는 것이다.

그런데 '제대로 살아야 해', '나는 절대 잘못된 일을 하는 사람이 아니야', '항상 착하게 살아야 해', '나는 좋은 사람으로 보여야 해'라고 생각해 본성을 숨기고 사는 사람들이 있다. 이렇게 자신을 속이고 사는 것은 참으로 괴롭다. 나는 그런 사람들에게 다음과 같이 말한다.

"오해든 아니든 사람들은 자기 좋을 대로 당신을 이해해요."

매사 주변 사람들의 평가를 너무 신경 쓰다가 좋은 사람인 척 연기하다 보면 자신이 하고 싶은 행동을 점점 할 수 없게 된다. 그러니 자기 좋을 대로 행동하면 된다. 단, 나쁜 일을 하자는 말

"

자기 좋을 대로 말하고

행동하면 된다.

"

이 아니니 유의하기 바란다.

항상 좋은 사람일 필요는 없다.

# 인생의 시련은
# 피한다고 사라지지 않는다

## 마라톤의 법칙

### _ 살면서 겪는 시련의 의미를 알 수 있다

'왜 나만 이렇게 힘든 일을 겪어야 하지?'

인간관계가 원만하지 않을 때 이렇게 느끼지 않는가? 예전에 도쿄에서 어느 거리를 걷고 있는데, 갑자기 한 무리의 달리기 선수단이 나를 앞질러 가서 깜짝 놀란 적이 있다. 아마도 마라톤 대회가 임박해서 연습하는 듯했다.

그들은 새빨개진 얼굴에 땀을 비 오듯이 흘리고 있었다. 매우 고통스러운 듯 보였다. 만약 그때 그 표정을 보고 내가 "그렇게 무리해서 달리면 안 돼요"라고 소매라도 붙잡고 말리면 어떻게 될까? 어쩌면 한 대 맞을지도 모른다. 맞는 것까지는 과장이라고 해도 그들은 분명 "좋아서 달리는 거예요", "이게 즐거워요", "끝난 뒤의 성취감이 최고예요"라고 대답하며 계속 달릴 것이다.

사람들이 산에 오르는 것도 같은 이유다. 정상에 도달했을 때 얻는 성취감과 상쾌함, 눈에 들어오는 풍경이 무엇보다 소중하기 때문이다. 그런 것들은 헬리콥터를 타고 정상에 도달해서는 절대 맛보지 못한다.

마라톤도 마찬가지다. 만약 목표 지점까지 자동차를 타고 간다면 어떨까? 숨이 턱까지 차오른 사점(Dead Point, 극도의 호흡곤란과 피로감을 느끼는 상태) 상태를 극복하면서 느끼는 쾌감이나 결승선을 통과했을 때의 성취감을 느끼지 못할 것이다. 그래서 죽도록 괴롭더라도 노력하는 과정을 즐기는 것이다. 그들에게는 달리는 것 자체가 즐거움이다.

이런 말을 하면 고통에서 쾌락을 얻는 사람 같을지도 모르겠지만 만약 무언가 하기 싫어서 괴로울 때 이렇게 생각해보기 바란다. 우리 인생에는 힘들거나 슬픈 일, 도망치고 싶어지는 일, 극복하기 어려운 일, 제대로 되지 않는 일이 수없이 많다. 하지만 실은 그런 일을 경험하고 극복하면서 인생의 즐거움을 느끼고 성장해 간다. 어쩌면 우리는 그런 행복을 맛보기 위해 태어났을지도 모른다.

 자신에게 시련이 닥쳐도 도망치지 말고 즐기자.

# 아무리 대단해 보이는
# 사람이라도 고민은 있다

**중학생의 법칙**

**_다른 사람이 훌륭하게 보인다**

초등학교 시절에는 교복을 입은 중학생만 되어도 어른이라고 생각했다. 중학생 시절에는 고교 야구 선수들을 보면서 대단하다고 생각했다. 고등학교 시절에는 대학생을 보고 어른스럽다고 느꼈다.

대학생이 되어 아르바이트하던 시절, 사회인이 참 대단하다고 느꼈다. 사회인이 되어서는 업무를 잘 하는 관리직 사람이나 선배들을 보고 슈퍼맨 같다고 우러러보았다. 회사원이던 시절에는 독립해서 일하는 사람을 보고 어떻게 저런 용기를 내는지 궁금했다. 나는 절대 할 수 없을 것 같았다.

독립해서 사업을 시작한 후에는 회사를 크게 키워 나가는 사람이 대단하게 느껴졌다. 상담사를 목표로 한 다음에는 다른 사람 앞에서도 당당하게 상담을 잘 하는 사람이, 책을 쓰고 싶다고 생각하기 시작할 무렵에는 다작(多作)을 하는 사람이 훌륭하다고 생각되었다.

하지만 문득 정신을 차리고 보니 이미 나는 전부 하고 있었다. 그들과 다른 점은 항상 조바심을 내며 해 왔다는 것이다. 그런 나를 대단하다고 생각하는 사람도 많을 것이다. 하지만 그들도 나도 무엇인가를 시작할 때마다 고민했다. 가정사나 공부, 친구나 주변의 평가에 반응하며 고민했다. 또 인생이나 내 능력, 재능에 대해 고민했다.

훌륭하거나 대단하게 보여도 대부분의 사람은 어떤 고민을 안고 있다. 그 고민을 극복하려고 노력하느냐, 그렇지 않느냐의 차이가 있을 뿐이다. 대부분 자신보다 더 대단하다고 느끼는 사람은 아마 그 고민을 극복하려고 노력했고, 결국 자신이 원하는 것을 얻은 것처럼 보였기 때문일 것이다. 그러니 고민을 극복하기 위해 도전할 것인가? 아니면 두려워하며 도망치기만 것인가?

내가 매사 고민을 안고 있으면서도 성장할 수 있었던 것은 두려워도 도전했기 때문이다. 고민만 해서는 아무것도 되는 일이 없다. 두려워서 도망쳤던 일은 두고두고 후회만 남길 뿐이다.

다른 사람이 하는 일은 항상 더 대단해 보이지만 그 말 그대로 다. 더 대단하게 보일 뿐 실제로 내 상황과 많이 다르지 않다는 것이다. 이것이 바로 중학생의 법칙이다. 그러니 사람들 개개인이 각자 자신의 위치에서 다양한 고민을 안고 있다는 것을 인지하고, 다른 사람이 아닌 내 문제에 집중하자.

 **Point** 자신이 성장했다고 느꼈던 시점을 떠올려보자.

# 불안과 괴로움을
# 머릿속에서 꺼내라

## 금붕어 법칙

### _ 생각이 말끔하게 정리된다

불안한 일이나 걱정거리가 있을 때 머릿속에는 여러 가지 생각이 계속 빙글빙글 맴돈다. 아무리 생각하고 또 생각해도 쉽게 정리되지 않고, 다시 생각이 머릿속을 헤집고 다녀 어떻게 해야 좋을지 모른다. 사실 이때 정말 집중해야 하는 것보다 쓸데없는 생각이 더 많이 떠오른다. 꼭 어항 속 금붕어처럼 말이다.

어항 속에 많은 금붕어가 헤엄치는 모습을 떠올려보자. 빨간

색, 노란색, 검은색 물고기, 큰 물고기, 작은 물고기……. 여러 가지 금붕어가 헤엄치고 있다. 그 금붕어를 세어보자.

"1, 2, 3, 4, 5…… 6, 7, 8, 9…….."

이리저리 돌아다니는 금붕어를 세려고 하면 "아 정말, 움직이지 마!"라고 소리치고 싶어질 것이다.

이번에는 그 금붕어가 머릿속에 있다고 상상해보자. 그다음 머릿속의 금붕어 수를 세어보자. 아무리 세려고 해도 금붕어는 유유히 헤엄치면서 돌아다닌다. 이 상태를 정리하려면 어떻게 해야 할까?

방법은 의외로 쉽다. 수조에서 금붕어를 한 마리씩 꺼내어 나열하기만 하면 된다. 머릿속 생각도 마찬가지다. 금붕어를 수조에서 꺼내 나열하듯 뒤죽박죽 돌아다니는 생각을 종이에 적으면 된다. 마치 금붕어처럼 머릿속에서 이리저리 돌아다니는 생각과 불안을 하나씩 잡아 종이 위에 나열하자. 그러면 의외로 양이 적을 수도 있다.

금붕어 수를 세려다가 이리저리 움직여서 똑같은 금붕어를 세고 또 세는 것처럼 뒤죽박죽 돌아다니는 고민거리의 양 역시 제대로 가늠하지 못했을 수도 있기 때문이다.

본격적으로 정리할 필요는 없다. 무심하게 생각나는 대로 종이에 쓱쓱 써 내려가기만 해도 된다. 그리고 쓴 것을 눈으로 보면 머릿속으로 생각했던 것과는 전혀 다른 관점이나 사고방식이 생기고, 정리도 쉽게 할 수 있다. 꼭 시도해보자.

일단 불안과 고민을 종이에 적어보자.

## 원활한 인간관계를 위한 Tip 2

★ 주저하지 말고 자신의 진정한 모습을 내보이려고 하면 마음이 편해진다.

★ '왜 항상 나만 일이 꼬이는 걸까?'라고 생각하는가? 부정적인 사고 습관에 빠져 있을 뿐인지도 모른다.

★ 사람은 타인의 부끄러운 이야기에는 별로 반응하지 않는다.

★ 괴롭거나 슬픈 일이 있다면 그 일을 극복하는 짜릿한 쾌감을 맛보기 위해 태어났다고 생각하자.

# 왜 다른 사람과 대화하다가 싸우게 되는 걸까?

– 타인을 용납하지 못하는 사람들에게

# 왜 인간관계는
# 내 마음대로 되지 않을까?

이번 장은 52쪽의 마음 상태를 설명한 'I'm OK, you're not OK.'의 상태인 사람에게 해당되는 이야기다. 이 상태인 사람은 '나는 옳다. 틀리지 않았다. 당신이 나쁘고, 잘못되었다'라고 생각한다.

자신이 옳다고 생각하므로 무심코 "용납할 수 없다", "당연히 이렇게 해야 한다"라는 말을 버릇처럼 쓴다. 주변 사람에게 바뀌기를 요구하며, 내가 아닌 타인을 좀처럼 인정하지 못한다. 더구나 기본적으로 자신의 가치관이 옳다고 생각하므로 타인이 그에 반하는 행동을 하면 격한 분노를 느끼거나 공격하기도 한다.

또한 자신의 능력이 뛰어난 분야에서는 다른 사람을 무시하기도 한다. 반면에 자기 뜻대로 되지 않는 미숙한 부분을 타인에게 지적당하면 격하게 반발하거나 강한 열등감을 느낀다.

이런 상태가 지속되면 자꾸 짜증나는 일이 많아진다. 인간관계가 마음대로 되지 않으므로 불만이 쌓여 간다.

'다른 사람은 나를 알아주지 않아.'
'어째서 나만 이런 일을 겪어야 하는 거야?'
'이렇게 노력하는데 아무도 인정해주지 않아.'

이렇게 타인을 원망하거나 공격해서 괴로움에 빠진다. 3장은 이런 사람들의 마음을 어루만져주는 이야기다.

# 고집을 부리면
# 진짜 목적을 잃어버린다

**바위와 여행자의 법칙**

_ 몹시 지치고 괴로워진다

타인에게 "이렇게 해야 해", "이렇게 하면 안 돼. 바꿔"라고 말하고 싶어질 때가 있다. 나도 자주 그랬다. 하지만 열심히 바꾸려고 해도 상대는 그리 쉽게 바뀌지 않는다. 설령 바뀌었다고 생각해도 상대는 바뀐 척을 하고 있을 뿐이다. 경우에 따라서는 강제하거나 공포감을 조성해 바꾸려고 하지만 그렇게 해서는 결코 좋은 결론을 얻지 못할 것이다. 나는 이런 상황을 바위와 여행자에 비유해서 이야기한다.

　어느 날 여행자가 걷고 있는데, 눈앞에 거대한 바위가 나타났다. 여행자는 바위를 향해 "방해가 되니까 비켜"라고 말했다. 하지만 바위는 당연히 비키지 않았다.
　여행자는 말이 통하지 않는다고 생각했다. 그래서 말을 바꾸었다.

　"비켜줄래. 나 금방 지나갈게."

　하지만 바위는 꿈쩍도 하지 않았다. 그래서 이번에는 바위를 밀어보기로 했다. 하지만 바위는 조금의 미동조차 하지 않았다. 여행자는 점점 화가 나 소리를 질렀다.

　"모든 사람에게 방해가 될 거야."

　그리고 발로 차고 두드렸지만 이 역시 바위에 통할 리 없었다.

　"비키지 않으면 폭파시켜버릴 거야."

으름장을 놓아도 바위는 움직이지 않았다. 여행자는 분해서 참을 수가 없었다. 그래서 결국 바위를 폭파시켜버리고 말았다.

굉장한 폭발음이 지난 후 바위 일부가 부서져서 여행자가 지나갈 만큼의 길이 뚫렸다. 하지만 여행자의 분한 마음은 가라앉지 않았다. 그래서 바위 깨부수는 것을 도와줄 사람들을 불러 모아 계속 바위를 폭파시켰다. 그러면서 점점 기운이 빠졌고, 사방에 흩날린 바위 파편에 상처도 입었다.

그 모습을 보면서 다른 여행자들은 바위를 피해 멀리 돌아가거나 반대로 암벽 등반을 하며 바위를 즐겁게 넘어갔다. 어떤 이는 여행자가 바위와 씨름하는 모습을 도시락을 먹으면서 여유롭게 멀리서 구경하기도 했다. 여행자는 그런 사람들에게도 부아가 치밀었다.


"나는 모두를 위해 힘겹게 바위와 씨름하고 있는데. 어떻게 내게 이럴 수 있지?"


결국 여행자는 몹시 지쳐서 그곳에 주저앉아버렸다. 바위를 돌아가거나 암벽 등반으로 넘어간 사람들은 이미 꽤 멀리까지 간 후였다.

바위를 이동시키는 일은 자기 생각에 맞게 타인을 바꾸려고 하는 것과 같다. 이때 여행자처럼 자신의 목적을 잃어버릴 수 있다. 타인은 그저 움직이지 않는 바위일 뿐이다. 그러니 그를 바꾸려고 굳이 애쓰지 말고 목표 지점에 갈 수 있는 다른 방법을 생각해 보자.

다른 여행자들처럼 돌아가거나, 넘어가는 것도 좋은 방법일 것이다. 그러면 훨씬 빨리 목적지에 도착할지도 모른다. 본디 여행자에게 바위가 있는 곳은 단순히 지나가는 길이었을 뿐 목적지는 다른 곳이었음을 잊지 말자.

**Point** 항상 마음의 목적지를 확인하라.

# '나는 지극히 일반적이야'라는
# 생각을 내던지자

**지도의 법칙**

**_ 상대와 말이 통하지 않는 이유**

직장이나 친구 사이, 가정에서 대화하는 도중에 "너는 그게 이상해"라고 말하는 것을 흔하게 볼 수 있다.

　"일반적으로 이건 이렇잖아."

　"이럴 때는 이렇게 해야 하잖아."

이렇게 저마다 자신이 맞다고 주장한다. 각자 마음속에 필터가 있어 일반적이라고 생각하는 부분이나 당연하다고 여기는 부분이 다르기 때문이다. 그래서 서로 상대가 이상하다고 여긴다.

예전에 '눈앞에 일어나는 일은 보는 사람의 경험을 통해서만 이해된다'라는 인상적인 말을 들은 적이 있다. 보통의 사람은 자신의 가치관이라는 필터를 거치지 않고 보거나 듣는 일은 불가능하다는 뜻이다. 우리는 매사 자신의 과거 경험에 비추어서 보고 듣는다.

이 필터는 자신만의 가치관이자, 규칙이다. 그리고 이 필터를 통해 어떤 일이든 보고 들을 때 감정이 생겨난다. 이 필터를 가능한 유연하게 적용할 수 있다면 타인의 언행에 일일이 방해받지 않고, 판단하지 않고 받아들일 수 있을 것이다.

NLP(Neuro-Linguistic Programming, 신경 언어 프로그래밍, 다양한 기법을 통해 뇌의 프로그램을 수정해서 바람직한 방향으로 결과를 변화시키고 개인의 능력을 끌어내는 심리 기법-옮긴이)라는 심리 기술 내용 중에 '지도는 현장이 아니다'라는 말이 있다. 아무리 정교하게 만들어진 지도라고 해도 지도 제작자의 시점으로 만들어져 막상 현장에 가면 다를 수도 있다는 의미다.

예를 들어, 지극히 개인적인 내 생각이지만 과거는 현실이 아니다. 어디까지나 그 과거를 경험한 당사자에게만 현실이다. 같은 과거의 사건을 공유했다고 해도 저마다의 시점과 입장에 따라 얼마든지 다르게 받아들일 수 있기 때문이다. 이때 각기 완전히 다른 과거를 경험한 셈이 된다.

같은 것을 봐도 똑같이 보지 않는다. 같은 영화를 봐도, 같은 음악을 들어도, 같은 말을 들어도, 같은 것을 먹어도, 같은 사건을 겪어도 사람마다 느끼는 방식은 다르다. 같은 것을 먹는 두 사람이 동시에 "맛있어!"라고 해도 사실은 제각각 무엇을 느끼는지는 알 수 없다.

일을 잘하는 사람을 보고 주변에서 "대단하다!"라고 말해도 정작 당사자는 납득하지 못하고 '아니야. 이래서는 안 돼'라고 생각할지도 모른다. 반대로 본인은 '대단해!'라고 생각해도 주변에서 "그건 아니야"라고 말하기도 한다. 즉, 과거는 물론 현재 역시 그 사람만의 것이라고 할 수 있다.

따라서 일반적이라고 여기는 부분과 이래야 한다고 여기는 생각은 사람마다 확연히 다르다. 그런데도 우리는 각자 다름을 인정하지 않고 자신의 의견만 내세워 타인과 충돌한다. 그래서 말다툼을 벌이기도 하고, 상대방이 자신의 의견을 받아들이지 않는다고 고민하기도 한다.

일반적이라고

생각하는 부분은

사람마다 확연히 다르다.

결국 고민을 사라지게 하려면 타인의 생각을 인정하거나 받아들이면 된다. 세상을 바라보는 자신과 타인의 필터가 다르다는 사실을 인정할 수 있다면 인간관계 문제로 고민하지 않을 것이다.

이때 다름을 인정하려면 서로 비교하지 말고, 자신이 옳다고 주장하지 않아야 한다. 인정하고 받아들이는 일은 타인을 존중하는 일이며, 자신을 존중하는 일이다. 이것만 가능해도 인간관계로 고민하는 일이 놀랄 정도로 줄어든다.

Point

상대방이 중요하게 여기는 것을 하나라도 소중히 해보자.

# 자신의 가치관만으로
# 이야기를 듣지 않는다

**선문답의 법칙**

**_ 듣기와 경청하기의 차이**

상담사가 하는 일은 상대의 말을 경청하고 질문하는 것이다. 경청하면서 받아들이고, 질문하면서 대답을 끌어낸다. 실제로 경청하는 일은 간단하게 보여도 매우 어렵다. 우리는 상대방의 이야기를 듣고 있어도 사실 그대로 들을 수 없기 때문이다. 마치 선문답 같다.

고객은 자신이 겪은 괴로운 일을 이야기할 때 자기만의 현실을 토대로 말한다. 듣는 사람 입장에서는 잘못된 것이라고 해도 말하는 사람의 내면에서는 옳은 것이다.

상담사는 여러 가지 사례를 접하고, 배우면 배울수록 듣는 능력이 생긴다. 내 경우만 그러는지는 모르겠지만 마음에 대해 배우면 배울수록 지식이 쌓이면서 어느새 잘 아는 척을 하기도 한다. 그러면 상대의 말투나 행동을 보면서 '그건 아닌데', '그러면 안 되는데', '아, 안타깝네'라는 생각이 자동적으로 든다. 이것만큼은 멈추려고 해도 멈출 수가 없다. 그러다가 무심결에 그런 생각을 말로 표현한 적도 있다.

즉 자신의 가치관을 토대로 상대의 이야기를 듣게 된다. 이것은 그냥 듣는 일이며 경청이라고 할 수 없다. 경청은 자신의 가치관으로 판단하지 않고, 상대방의 가치관에 맞춰 듣는 일이기 때문이다. 그래서 경청은 매우 어렵다. 사실 진정한 의미에서 자신의 가치관을 배제한 채 판단하지 않고 경청하는 일은 거의 불가능에 가깝다.

경청하는 일은 이처럼 자신이 아닌 다른 사람들의 다양한 가치관을 접하면서 타인과 자신의 차이를 깨닫고, 그것을 인정해 가는 수행일지도 모른다.

여러분도 다음과 같은 일이 있지 않은지 생각해보자.

- 부하 직원의 보고를 듣고 있을 때 무심코 짜증이 난다.
- 상담하는 상대의 이야기에 끼어들어서 설교하고 만다.
- 타인과 이야기하다가 바로 그게 아니라고 욱 하거나 화를 낸다.

이럴 때 자신의 가치관만으로 상대방을 판단하면서 듣고 있지 않은지 생각해보자. 그러면 '아, 저 사람의 마음은 저렇구나', '아, 내 마음은 이렇구나', '아, 내 기억 속의 현실은 나만의 것일지도 몰라'라고 생각할 수 있다. 전문가인 나 역시 지금도 이런 수행을 하고 있다.

다른 사람은 세상을 어떻게 보고 있는지 관심을 기울여보자.

# 나를 화나게 하는
# 상대에게도 할 말이 있다

**앙갚음의 법칙**

_ 내가 말한 불만을 그대로 돌려받는다

누군가와 싸움을 하다가 "대체 너는 자신이 얼마나 심한 짓을 했는지 알고 있는 거야?"라고 말한다면 이런 말이 돌아올 확률이 높다.

"그러는 너야말로 스스로 깨닫지 못하고 있잖아!"

그렇다. 이것이 '앙갚음의 법칙'이다.

대부분 사람은 마음에 들지 않은 타인의 언행에 반응하면서 자신도 그와 비슷하다는 것을 좀처럼 깨닫지 못한다. 이는 매우 당연한 일이다. 자기 자신의 모습을 객관적으로 볼 수 있는 사람은 없기 때문이다.

태어나서 처음으로 비디오카메라로 찍은 자신의 모습을 보거나, 자신의 말소리 혹은 노랫소리를 녹음해서 들었을 때 전혀 다른 사람 같이 느껴져서 깜짝 놀란 적이 있을 것이다. 이는 자신이 생각하고 있던 자기 모습이나 목소리와 전혀 다르기 때문이다. 당연히 자신이 무의식적으로 어떤 언행을 하는지도 모를 수밖에 없다.

자기 모습을 보고도 놀랄 정도인데, 과연 다른 사람이 자신을 어떻게 보는지 알 수 있을까? 그런 점을 간과하고 대부분의 사람들은 무심코 한 타인의 말이나 행동에 반응해서 화를 내거나 바로잡으려고 한다.

하지만 내가 상대를 질책할 때, 상대 역시 나를 탐탁지 않게 생각하고 있을지도 모른다. 그때 만약 상대방이 "그러는 너야말로"라고 응수하면 당황해서 횡설수설하거나 "나한테는 정당한 이유가 있어!"라며 끝까지 자신을 옹호하려고 할 것이다.

상대에게도 나를 질책하는 이유가 있다. 나 역시 상대를 질책하고 자신을 정당화하는 이유가 있다. 상대도 자신이 옳다고 생각하고, 나도 내가 옳다고 생각한다. 이는 양쪽 다 자신감이 없어서 자신을 정당화할 수밖에 없기 때문일지도 모른다. 이런 식의 어느 쪽이 옳은지 판단하는 싸움은 영원히 끝나지 않는다.

'어느 쪽이나 옳다.'

이렇게 생각하는 편이 싸움을 끝내는 방법일 것이다.

**Point** 나도 옳고, 상대도 옳다.

66

어느 쪽이

옳은지에 대한 다툼은

영원히 끝나지 않는다.

99

# 자기 마음대로
# 상대의 결점을 찾지 마라

**스탬프 쿠폰 법칙**

**_ 분노가 한계에 달해서 폭발한다**

카페나 음식점에 가면 구매한 횟수만큼 도장을 찍어주는 쿠폰을 받은 적이 있을 것이다. 실제로 스탬프 쿠폰이 생기면 누구나 도장을 찍어 빈칸을 전부 채우고 싶어 그 카페나 음식점에 자주 가게 된다.

　우리 마음속에도 스탬프 쿠폰이 있다. 사람들은 겉으로 표현하지 못하고 마음속에 담아두는 횟수를 헤아려 쿠폰에 스탬프를 찍는다.

　가령 동료에게 무언가 하고 싶은 말이 있다고 하자. 하지만 상처를 주거나, 웃음거리가 되고, 화나게 할지도 몰라서, 또는 싸우기 싫다는 등의 이유로 그 말을 속으로 삼킨다. 하지만 가장 큰 이유는 말하지 않는 편이 자신도 상처 입지 않는다는 사실을 알고 있기 때문이다.

　그렇게 할 말을 속으로 삼켰을 때부터 우리는 스탬프 쿠폰에 도장을 찍기 시작한다. 자신이 하고 싶은 말을 한 번 삼키면, 스탬프를 하나 찍는다. 그리고 한 번 찍기 시작한 마음속 스탬프 쿠폰을 채우기 위해 상대를 관찰하고 감시하기 시작한다. 상대방이 말할 때 거슬리는 부분이 없는지 지켜보는 것이다.

　그리고 상대가 또 자신에게 거슬리는 일을 하면 즉각 '그것 봐. 또 했잖아'라며 도장을 찍는다. 결국 상대의 단점만을 찾기 위해 색안경을 끼고 상대를 주시한다. 스탬프를 찍기 시작한 단계에서 편견에 사로잡히고 마는 것이다. 이 시점부터 비뚤어진 시선으로 상대를 보기 때문에 어떤 말을 해도 곱게 보이지 않는다. 그리고 도장을 찍을 때마다 '어디 보자'는 식의 기세로 계속 나쁜 점을 찾는다. 마침내 도장을 다 찍으면 상대방에게 짜증을 내고, 말이 없어지며, 태도만으로 불만을 표출한다.

카페나 음식점에서 준 스탬프 쿠폰에 도장을 다 찍으면 공짜 음료수나 음식 같은 것으로 보상받는다. 그렇다면 마음속 스탬프 쿠폰을 다 채우면 어떻게 될까? 대부분 이성을 잃거나 폭발한다. 상대방에게 짜증을 내고, 말이 없어지며, "이제 더는 못 참겠어"라는 말과 함께 불만을 표출한다.

일단 이성을 잃으면 예전부터 찍어 놓은 도장까지 전부 내보이고 싶어 쉽게 진정하지 못한다. 물론 이성을 잃는 쪽에는 그럴 만한 많은 이유가 있다. 하지만 당한 쪽은 그것을 알 수 없다. 따라서 "어째서 고작 이런 일로 화를 내는 거야?"라고 반응하게 된다.

왜 이런 일이 발생하는 걸까? 이성을 잃은 사람이 분노를 폭발하기 전까지 상대방에게 그 이유를 말하지 않았기 때문이다. 불만이 있을 때마다 스탬프를 찍어 쿠폰을 다 채우고 나서야 오래 전부터 켜켜이 쌓아 온 불만을 강하게 표현한 것이다. 그러니 듣는 사람은 속수무책으로 당할 뿐이다. 하지만 불같이 화를 내는 사람에게 아무 말도 하지 못한다. '이럴 거면 그때그때 말하지'라고 생각만 할 뿐이다.

생각해 보면 맨 처음에 도장을 찍은 이유는 상처를 주거나 웃음거리가 될 수도 있어서, 상대를 화나게 하거나 싸우고 싶지 않아서 등 말하지 않은 쪽의 사정이었다. 그러나 그것을 인정하고 싶지 않았고, 꼬치꼬치 따지자니 자존심도 상하고, 체면도 손상되는 것 같아 말하지 않았다. 하지만 이런 식의 사고 패턴은 곧 '너를 위해 참은 거야'라는 식으로 의미가 변질된다. 결국 스탬프를 계속 찍다 보면 어느새 자신은 피해자로, 상대방은 가해자로 만들어낸다. 자신이 할 말을 쌓아두었기 때문에 스탬프를 계속 찍었다는 사실은 잊어버리게 되는 것이다.

스탬프 쿠폰을 채우는 일을 멈추려면 그때그때 떠오르는 자신의 생각을 과감하게 상대에게 전해야 한다. 이때 조심해야 할 것은 상대방의 단점을 직접적으로 지적하거나 지나치게 공격적으로 말하지 않는 것이다.


"너는 이상해."
"네 말투나 행동에 화가 나."


이런 말은 상대방을 공격하는 것이지 속마음을 표현하는 것이 아니다. 상대에게 자신의 생각을 전달할 때는 "나는 이런 이유로 화가 났다. 왜냐하면……"이라고 자신은 내심 무엇을 기대했는데 결국 충족되지 않았다는 것만을 전달한다.

그리고 중요한 것은 그 마음을 전달한 뒤에 상대방의 행동을 기대하지 않는 일이다. 상대방에게도 자기만의 사정과 사고방식이 있다. 자신이 사실은 무엇을 원했는지 그저 전달만 하자.

"인정받고 싶었어."

"친절하게 대해주기 바랐어."

"소중하게 대해주기 바랐어."

이렇게 자신의 속마음만을 전달하도록 하자.

 **Point** 마음속 쿠폰에 스탬프 찍는 것을 멈춰라.

# 타인의 결점 찾기는 결국
# 자신을 피해자로 만든다

**피해자 법칙**

_나쁜 일이 잇달아 일어난다

'내가 이만큼 했는데.'

'이렇게 참고 있는데.'

'나는 나쁘지 않은데.'

이런 생각이 문득 든 적이 있지 않은가? 만약 그렇다면 여러분은 자신이 피해자라는 생각에 완전히 빠져 있는 것이다. 앞서 이야기한 스탬프 쿠폰 법칙대로 하고 싶은 말을 하지 않아 마음속 쿠폰이 채워지면 채워질수록 자신은 어느새 피해자가 되어 간다. 나쁜 일을 당하는 사람이 되는 것이다.

그 후에는 주변에서 자신이 피해자임을 알아주기를 바라고, 결국 인정받고 싶어 호소한다. 그러기 위해서 필요한 것이 바로 가해자다. 가해자가 없으면 자신이 피해자가 되는 것도 성립되지 않기 때문이다. 그래서 마음속 쿠폰에 스탬프를 찍을 수 있게 해주는 사람을 찾기 시작한다.

처음에는 상대방의 단점을 들추어낸다. 그 후 단점을 목격할 때마다 스탬프를 찍는다. 마지막으로 스탬프로 채워진 쿠폰을 주변 사람들에게 보이며 이렇게 말한다.

"나는 아무것도 하지 않았는데 이렇게 심한 일을 당했어요."
"내 주변에는 이런 사람만 있어서 괴로워요."

그러면서 연달아 사냥감(가해자)을 찾는 불행한 여행을 떠난다. 그 결과 자신의 주변에 믿을 수 없는 적들만 우글거리는 상황을 만들어낸다. 그러면서 점점 자신은 피해자라는 생각에 매몰되어버린다.

타인의 결점을 찾아 스탬프를 찍는 일은 끝내 '어째서 나는 항상 이런 일을 겪는 걸까?' 하고 자신의 결점을 찾아 스탬프를 찍는 자학으로 바뀌어 간다. 이런 상태에 빠져 있는 사람을 흔히 '비꼬인 사람'이라고 표현한다. 하지만 이 역시 타인의 관심을 끌기 위한 하나의 전략이다.

이런 유형의 사람들은 어린 시절에 떼를 써서 원하는 것을 얻어내던 패턴을 끊지 못했거나, 어떤 소원이 이루어지지 않아 일어났던 화나 분노가 잠재되어 있는 경우다. 그래서 '사실은 ○○을 하고 싶다'라는 욕구를 말이 아닌 태도로 표현하려고 한다.

주변 사람들이 자신의 마음을 알아주고, 칭찬해주고, 친절하게 대해주고, 인정해주고, 신경 써주기를 바란다. 그러나 말로 표현하지 못하므로 포기하고, 의욕이 없고, 오히려 잘 아는 척을 하게 된다. 늘 주눅 들어 있거나 고집을 부리고, 비뚤어지기도 한다.

그렇게 비꼬여서 마음을 닫고 스스로 벽을 만들어 상대와 거리를 둔다. 그러면 주변 사람들은 그를 매우 불편하게 여기고 거리를 두기 시작한다. 무슨 말을 해도 비꼬아서 받아들이기 때문이다.

결국 자신이 마음을 닫으면(표현하지 않으면), 상대방도 더 이상 마음을 표현하지 않는다. 이는 반대로 자신이 개방적인 사람이 되면 상대방도 기꺼이 마음을 연다는 뜻이다. 이것이 '자기 노출 (Self-Disclosure)'이다. 즉, 비꼬인 자신의 마음을 여는 것이다.

'좀더 친절하게 대해주기 바란다.'
'좀더 인정해주기 바란다.'
'좀더 신경 써주기 바란다.'

실제로는 여리고 관심 받고 싶어 하는 자신의 마음을 깨닫고 상대방에게 말로 표현해보자. 그것이 바로 자기 마음을 여는 연습이다. 물론 자신의 본심을 전달하려면 용기가 필요하다. 인간관계를 개선시키려는 의지가 조금이라도 있다면 지금부터라도 시작해보자.

그동안 하지 못했던 속마음 중 하나를 솔직하게 말해보자.

"

상처 받으면

당연히 화가 난다.

"

# 토라져 있는
# 캐릭터에서 벗어나라

**비꼬인 마음 법칙**

**_제대로 되지 않는 일만 있다**

'어째서 내 인생에는 괴롭거나 제대로 되지 않는 일만 있고, 항상 형편없는 사람만 주변에 있는 걸까? 그래서 아무리 시간이 흘러도 다른 사람과 마음을 터놓을 수 없고, 솔직하게 기쁨을 표현할 수 없으며, 즐거움이 없다.'

나는 이런 식으로 생각하면서 살아온 시기가 길다. 그래서 왜 이렇게 되었는지 여러 가지 면에서 생각해보다가 이 법칙을 떠올리게 되었다.

어린 시절 나는 자주 토라져 있었다. 부모님이 내가 원하는 것을 사주지도, 어떤 희망이나 기대를 들어주지도 않으셨기 때문이다. 그래서 나는 부모님이 착한 일을 했는데 칭찬해주지 않았고, 외로운데 신경 써주지 않으신다고 생각했다. 그밖에도 여러 가지 이유가 있었겠지만 어쨌든 어린 시절 항상 나는 토라져 있었다.

'토라지다'라는 단어를 떠올리면 마치 이불을 뒤집어쓰고 웅크리고 있는 사람 이미지가 그려진다. 그럴 때는 가족 중 누군가 "이것 봐, 케이크를 사 왔어"라고 상냥하게 말을 걸어도 "필요 없어"라고 매몰차게 거절하게 된다. 사실 정말 먹고 싶은데도 상대방이 "자, 같이 먹자. 정말 맛있어"라고 권해도 고집을 부리며 받아들이지 않게 되는 것이다. 하지만 상대방도 몇 번의 시도를 하다가 포기하고 다른 곳으로 가버리게 된다. 그제야 이불 틈으로 엿보다가 "아, 진짜 가버렸어. 한 번만 더 권하지. 그러면 먹었을 텐데" 하고 다시 토라진다.

건너편 방 텔레비전에서 재미있는 프로그램이 나온다고 해도 쉽게 다가가지 못한다. 토라져 있는 상태이기 때문이다. 정말 보고 싶지만 오히려 자신이 보고 싶지 않은 이유를 만들어낸다.

"저런 저속한 프로그램은 절대로 보고 싶지 않아."

학교에서 즐거운 일이 있었더라도 가족에게 말하지 못한다. 아직 토라져 있는 상태이기 때문이다. 이렇게 계속 토라진 캐릭터로 굳어지면 거꾸로 그 이전으로 돌아가지 못한다. 조금 방심해서 웃기라도 하면, "이것 봐, 조금 전까지 울기라도 할 것처럼 굴더니 이제 웃고 있네!"라고 놀림을 당할 게 뻔하기 때문이다. 그래서 오기로 버텨서라도 웃지 않는다.

하지만 사실은 별것 아닌 일에 계속 토라져 있기도 쉽지 않다. 토라져 있는 상태를 유지하기 위해 계속 이유를 찾아야 하기 때문이다.

짜증나는 일, 뜻대로 되지 않는 일, 잘 풀리지 않는 일, 싫어하는 사람……

나는 그런 것들을 활용해 계속 토라져 있음을 유지했다. 여러분도 혹시 그렇게 하고 있지 않은가? 만약 그렇다면 어서 빨리 토라져 있는 상태를 풀어버리자. 그리고 이불에서 나와 가족과 함께, 친구나 주변 사람과 함께 편안하게 지내자.

참고로 '토라지다'는 일본어로 '스네루(拗ねる)'라고 쓴다. 어릴 유(幼) 자에 부수로 손 수(手)가 붙은 한자를 사용한다. 바로 어린 아이가 사용하는 수법인 것이다.

토라져 있으면 무리에 끼지도 삶을 즐기지도 못한다.

# 강한 척하거나
# 억지 부리는 것은 바람직하지 않다

**신 포도 법칙**

**_좋아했던 사람을 나쁘게 생각한다**

어느 순간 줄곧 좋아했던 사람이 싫어지는 경우가 있다. 갑자기 상대에게 분노를 느끼기도 한다. 어째서 그런 일이 일어나는 것일까? 《이솝 이야기》에 이런 이야기가 있다.

여우가 산길을 걷다가 먹음직스럽게 익은 포도를 발견했다. 어떻게든 포도를 따려고 여우는 여러 번 점프했다. 하지만 너무 높은 곳에 매달려 있는 포도를 따기에는 역부족이었다. 그러자 여우는 "흠, 어차피 저 포도는 시고 맛이 없을 거야. 처음부터 별로 먹고 싶지 않았어"라는 말을 남기고 그 자리를 떠났다.

이 우화는 몹시 손에 넣고 싶지만 손이 닿지 않는 것(사이좋게 지내고 싶다, 좋은 성적을 받고 싶다, 좋은 결과를 원한다, 지위나 명예를 원한다, 성공하고 싶다, 인기 있고 싶다 등) 들이 가치 없고, 자신에게 어울리지 않으며, 필요 없다는 이유를 들어 포기함으로써 자신을 정당화하고자 하는 사람의 심리를 나타낸다.

이런 심리를 프로이트는 '방어기제(Defense Mechanism, 두렵거나 불쾌한 정황이나 욕구 불만에 직면했을 때 스스로를 방어하기 위하여 자동적으로 취하는 적응 행위–옮긴이)'라고 표현한다. 신 포도를 먹고 싶어 하는 여우의 경우도 마찬가지다. 신 포도이기 때문에 맛이 없을 것이라고 스스로 믿어 자신의 자존심이 상하지 않도록 하는 패턴이다.

인간관계에서는 사이좋게 지내고 싶었던 사람이 자신을 봐주지 않고, 신경 써주지 않을 때 사이좋게 지낼 가치가 없다고 생각하기도 한다. 그것이 심해져서 상대방에 대한 험담을 하거나 비밀을 퍼뜨리는 경우도 있다.

부모에게 충분한 사랑을 받지 못하고 성장한 사람의 경우 "애정은 별로 원하지 않아"라며 사랑받고 싶은 자신의 감정을 계속 무시하는 모습을 보이기도 한다. 방어기제는 이외에도 상황에 따라 다르게 표현되기도 한다.

- '나는 지금 포도를 먹고 싶지 않다'라고 자신의 욕망을 억누르고 강한 척 해서 스스로 납득하려고 한다.
  ➡ 인간관계의 경우 상대의 결점을 찾아내 원래 사이좋게 지내고 싶지 않았다고 하거나 사실은 좋아하지 않았다고 자신을 이해시킨다.

- '나는 사실 포도가 아니라 사과를 먹고 싶었어'라고 자신이 정말 원하는 것을 바꿔 납득하려고 한다.
  ➡ 인간관계의 경우 사실은 'A씨가 아니라 B씨가 좋았다'라고 좋아하는 대상을 바꿔서 자신을 이해시킨다.

하지만 이런 패턴을 지속하면 관계 맺는 것에 쉽게 무기력해지거나 포기하는 버릇이 생겨서 다른 사람과 사이좋게 지낼 기회를 놓치기도 한다. 그러니 눈앞의 사람과 인간관계를 쌓을 수 없

66

사실은 난 당신을 좋아해.

99

는 현실을 받아들여보자. 즉, 상대가 나쁘다고 편견을 갖거나 다른 단점을 찾아내어 억지 부리지 말고, 사이좋게 지내지 못하는 자신을 인정해야 한다. 그럴 수 있다면 그때부터 비로소 원활하게 인간관계를 맺을 수 있다. 자신이 하지 못해서가 아니라 지금은 할 수 없거나 지금은 하지 않을 뿐인지도 모른다. 그리고 누군가를 좋아하거나 어떤 일을 하고 싶어 하는 자신의 기분도 숨기지 말고 인정해주자.

여담이지만 '달콤한 레몬'이라는 이야기도 있다. 아무리 신 레몬이라도 자기 것이라면 무조건 달콤하다고 믿는 사람에 대한 이야기다. 이 이야기는 힘들게 고생해서 손에 넣은 것은 무조건 가치가 있다고 믿어 쉽게 놓지 못하는 사람들의 심리를 대변해준다. 다르게 표현하면 집착이라고 할 수도 있다. 막상 꽉 쥐고 있던 손을 풀고 보면 '어, 내가 뭐에 얽매였던 거지?'라는 생각이 들 것이다.

**Point**

포도를 먹고 싶지만 따지 못하는 자신을 인정하라.

# 일단 상대를
# 받아들인다

## 한 번 봐줄게 법칙

### _ 지는 것이 이기는 것이다

나는 간사이(関西, 교토와 오사카를 중심으로 한 일본의 지역-옮긴이) 사람이다. 간사이 사람의 DNA에는 요시모토 신키게키(吉本新喜劇, 일본의 예능 사무소 요시모토 크리에이티브 에이전시에 소속된 개그맨들이 연기하는 희극을 말한다-옮긴이)의 개그가 각인되어 있다고 해도 과언이 아니다.

요시모토 신키게키에 등장하는 개그맨 중에 이케노 메다카(池

乃めだか)라는 사람이 있다. 몸집이 작은 아저씨로, 자신의 체형을 활용해 여러 가지 재미있는 개그를 보여준다. 그중에서도 야쿠자 같은 사람들에게 두들겨 맞고도 "오늘은 이 정도에서 봐줄까"라거나 "흥, 한입거리도 안 되는 녀석들"이라면서 큰손을 흔들며 걸어가는 개그가 재미있다. 그러면 주변 개그맨들은 일부러 크게 반응한다. 재미를 위해 개그맨들이 연출한 상황이지만 나는 이 장면을 매우 좋아한다.

사실 나는 이것을 상담에 종종 활용한다. "상사를 용서할 수 없어요", "어머니를 용서할 수 없어요", "괴롭혔던 상대를 용서할 수 없어요"라며 괴로워하는 사람이 상담하러 찾아온다. 또는 용서할 수 없는 정도까지는 아니더라도 어쨌든 과거 자신에게 불합리한 일을 겪게 한 사람에 대한 응어리가 가슴에 맺혀 있는 사람도 많다.

용서할 수 없는 일을 한 사람을 용서하고 싶지 않은 것은 당연하다. 그래서 그런 사람들을 어떻게 하고 싶은지 물으면 다음과 같은 답이 나온다.


"용서할 수 없는 마음을 상대방에게 전달하고 싶어요."
"그 사건 때문에 내가 불행해졌다고 알리고 싶어요."

이런 말을 한다는 것은 아직 자신을 괴롭혔던 사람에게서 벗어나지 못하고 있다는 것을 의미한다. 반면 자신을 괴롭혔던 상대는 어떻게 지낼까? 아마 누군가를 괴롭혔다는 사실조차 잊고 있을 것이다. 배가 고프면 밥을 먹고, 목욕도 하고, 텔레비전을 보면서 껄껄 웃고 있을지도 모른다. 그런데 자신만 상대를 원망하면서 늘 그늘진 얼굴을 하고 있다.

개중에는 생각하다 못해 상대에게 "용서할 수 없어!", "용서할 수 없었다고!"라고 표현하는 사람도 있다. 하지만 "미안해", "내가 나빴어"라고 상대방이 사과를 해도 '진심으로 하는 말인지 의심스러워'라는 마음이 들어 후련하지 않다. 상대가 사과하기는커녕 오히려 "엇, 그런 일이 있었나?", "그럴 리가 없어"라며 기억하지 못하는 경우도 많다. 이때 그동안 응어리가 가슴에 맺혀 있던 사람의 마음은 더욱 무거워진다. 어떻게 해야 할까?

내 상담실에는 장난감 공이 산더미처럼 쌓여 있다. 조금 떨어진 곳에는 의자를 하나 두었다. 그리고 상담자에게 그 의자에 용서할 수 없는 상대가 앉아 있다고 상상하게 한다. 그 의자를 향해 하고 싶은 말이나 불만을 말하면서 공을 던지게 한다. "바보 멍청이", "어째서 그런 말을 하는 거야", "좀더 친절하게 해", "사과해"라는 식으로 말하면서 계속 던지게 한다.

그러면 모두 그곳에서 처음으로 자신의 속마음을 깨닫는다. 공을 던지는 동안 끊임없이 그동안 하지 못했던 말들과 감정이 나오기 때문이다. 상담자는 그 감정을 자신이 얼마나 숨기고 있었는지 깨닫는다. 그것이 속마음이다. 속마음은 약한 감정이다.

'도와줘, 신경 써줘.'
'친구 무리에 넣어줘.'
'친절하게 대해줘.'
'내버려 두지 말아줘. 응석 부리고 싶어.'
'엄청 좋아해, 사실은 좋아해.'
'멋쩍어서 그런 말은 할 수 없어.'

이런 속마음을 말로 표현할 수 없기 때문에 태도로 보이려고 하거나 고집을 부리는 것이다.

공을 마음껏 던졌다면 이제 자신을 괴롭혔던 상대를 용서하는 단계로 들어간다. 공을 내던지면서 앞서 소개한 개그맨 이케노 메다카의 대사를 인용한다.

"오늘은 이 정도로 해둘까."

용서해야

행복해진다.

"하는 수 없지. 한 번 봐줄게."

그러다 보면 자기도 모르게 그동안 상처 준 많은 사람들을 용서하게 된다. 하지만 용서하기 위해서는 대단한 용기가 필요하다. 며칠 혹은 몇 년, 몇 십 년간 쌓아 왔던 응어리는 쉽게 풀리지 않기 때문이다.

그 누구든 자신을 괴롭히는 상대는 극악무도한 범죄자와 같다. 상처 주었던 사람들을 용서한다는 것은 그런 범죄자를 무죄로 방면할 정도의 용기인 것이다. 하지만 이런 용기를 내는 것이야말로 인생의 큰 결단이자. 자신이 행복해지는 길이다.

자, 여러분도 더 얽매이지 말고 결단을 내리면 어떨까?

중요한 것은 당시 상대방에게 하고 싶었던 말을 표현하는 것이다.

# 고집 부리지 말고
# 솔직하게 산다

## 꼬임의 법칙

### _인생의 흐름을 방해한다

무언가에 토라졌거나, 고집을 부리면서 마음을 솔직하게 표현하지 않는 것 자체가 인생의 본래 흐름에 방해가 될 수도 있다. 그러면 살아가는 데 필요한 에너지의 흐름 역시 나빠진다. 물론 분노나 분함, 반항 등 부정적인 에너지를 발판으로 삼아 성공하는 사례도 드물지 않다. 하지만 부정적인 에너지를 활용하는 시간이 길어지면 길어질수록 무리하게 되거나 심적으로 비꼬이게 되는 경우가 많다.

굵은 고무관을 떠올려보자. 그 고무관이 꼬이면 어떻게 될까? 당연하게도 물의 흐름이 나빠질 것이다. 그 대신 고무관의 일부를 꼬아 좁게 하면 물줄기가 세지기도 한다. 강에 비유하자면 상류 계곡에서 물이 굽이굽이 좁은 지점을 지나, 폭포가 되거나, 웅덩이를 만드는 등 원활하게 흐르지 않는 부분이 많은 것과 같다. 하지만 하구 부분에 가면 천천히 구불거리지 않고 흐른다.

사람도 마찬가지다. 구불구불한 상류 계곡을 거쳐 많은 물이 강으로 모여들 듯이 일그러지고 비뚤어진 마음 상태에서 벗어나면 인간관계가 훨씬 원활해질 것이다. 그러면 쓸데없는 에너지를 덜 쓰게 되어 자신의 능력을 더욱 발휘할 수 있게 되고, 인생은 비로소 제대로 흘러갈 수 있게 된다.

- 고집을 부리지 말고 누군가에게 도움을 청한다.
- 고집을 부리지 말고 누군가의 생각을 받아들인다.
- 고집을 부리지 말고 용서한다.
- 고집을 부리지 말고 상대의 재능을 인정한다.
- 고집을 부리지 말고 자신의 재능을 인정한다.
- 고집을 부리지 말고 누군가를 믿고 맡겨본다.

- 고집을 부리지 말고 누군가를 도와준다.
- 고집을 부리지 말고 고맙다고 전달해본다.
- 고집을 부리지 말고 좋아한다고 표현해본다.

이런 행동을 하는 시점부터 인생의 흐름이 막힘없이 유연하게 바뀔 수 있다. 고집을 부리지 않는 일에는 용기가 필요하다. 이것은 고집을 버리고 상대를 용서하는 용기다. 여러분은 어디에서부터 시작할 것인가?

**Point**

고집을 부리지 말고 주변 사람에게 고마울 때는 고맙다고, 화가 날 때는 화가 난다고 말해보자.

## 원활한 인간관계를 위한 Tip 3

★ 자신과 타인의 세상을 바라보는 관점이 다르다는 점을 인정할 수 있다면 인간관계에 대한 고민은 사라진다.

★ 자신만 힘든 일을 겪는다고 생각하는 사람은 토라져 있는 것뿐이다. 자신의 속마음을 깨닫고 마음을 여는 연습을 하자.

★ 억지 쓰지 말고 마음을 제대로 표현하지 못하는 자신을 인정하자.

★ 화나게 하고, 자신을 힘들게 한 상대를 용서하려면 매우 큰 용기가 필요하다. 하지만 그 용기로 행복을 얻을 수 있다.

**Chapter
4**

# 왜 항상
# 나만 힘든 걸까?

─자신도 타인도 싫어져서 괴로운 사람들에게

# 왜 나를 아무도
# 이해해주지 않을까?

이번 장은 52쪽의 마음의 상태에서 'I'm not OK, you're not OK.'라는 부분으로 괴로워하는 사람을 대상으로 한다. 이 상태에 있는 사람은 '나는 형편없다. 너도 믿을 수 없다'라는 괴로운 마음으로 밑바닥까지 떨어져 있다. '어째서 나를 이해해주지 않아?'라고 생각하는 한편, '나 같은 건 아무도 이해해주지 않아'라고 믿는다. '주변에는 말이 통하지 않는 바보들뿐이야'라고 분노를 느끼기도 하고, '나는 형편없는 사람이야'라고 심하게 침울해한다.

타인과 동시에 자신을 공격하거나 질책한다. 타인에게도 자신에게도 'OK'를 하지 못한다. 다른 사람을 정말 싫어하고, 자신도 정말 싫은 것이다. 이와 같은 마음 상태가 심해진 사람은 우울증을 앓거나 자해까지 한다.

이 상태는 마음이 힘들어서 매우 괴롭다. 원래 아무도 믿지 못하기 때문에 인간관계 맺기는 더욱 힘들다. 이번 장에서는 이런 상태의 사람들이 마음을 치유할 수 있는 이야기를 소개한다.

# 사람은 비슷한
# 상황에서 좌절한다

트라우마 경계선 법칙

_자신이 만든 벽을 깨뜨릴 수 없다

자신이 몹시 싫어서 견딜 수가 없는데, 게다가 주변 사람 모두 적으로 보일 때가 있다. 이때는 '누구 하나 내 편이 없어'라는 생각으로 절망에 빠진다. 그리고 결국 '이렇게 힘든 내 편이 되어줄 사람은 없는 게 당연해'라고 자기부정을 하게 된다.

이렇게 자기도 싫고, 주변 사람도 싫은 최악의 상태에 빠진 사람들은 남녀노소 상관없이 정말 다양한 고민을 안고 있다. 하지만 잘 들어보면 고민의 배경이나 주변 인간관계 등 차이는 있어도 큰 공통점이 하나 있다. 바로 고민에 아주 오래전부터 반복되어 온 패턴이 있다는 점이다. 이는 어린 시절부터 반복된 패턴으로 고민하는 사람이 상당히 많음을 의미하기도 한다.

다르게 표현하면 육체적으로 성장했지만 어렸을 때 문제가 되었던 어떤 패턴을 극복하지 못했다는 뜻이다. 그러면 그 패턴이란 어떤 것일까? 쉽게 말해 무의식중에 피해버리고, 도망쳐버리고, 맞서지 못하고, 용기를 내지 못하고, 포기하고, 무섭고, 불안해지는 그런 벽이다. 이런 벽은 사람마다 제각각 다르게 존재한다.

그렇다면 왜 그 벽을 넘지 못하고 제자리걸음만 하는 것일까? 아마도 그 벽이 무서워서일 것이다. 그 벽을 넘기 위해 독한 마음을 먹더라도 자신이 지금까지 가장 피하고 싶었던 것과 마주해야 한다는 공포심이 말이다. 과거 싫거나 괴로웠던 경험을 떠올리는 것 자체가 힘들어서 극복하려는 시도는 같은 패턴으로 매번 실패하게 되고, 결국 빠져나가지 못한다.

나는 이 벽을 '트라우마 경계선'이라고 부른다. 트라우마 경계선은 친구 관계, 파트너나 연인관계뿐 아니라 업무나 회사 경영에도 적용된다. 이 트라우마 경계선을 발견하려면 다음 질문들이 효과적이다.

"언제부터 그 패턴을 반복했나요?"

"그 벽을 극복하려고 하면 무엇이 무서운가요? 무엇이 떠오르나요?"

"어떤 일을 겪은 후 그 벽이 무서워졌나요?"

안정된 환경에서 천천히 자기 자신에게 질문하기 바란다. 분명 여러분의 내면에 있는 '트라우마 경계선'이 보일 것이다.

내면에 극복하지 못한 트라우마 경계선이라는
벽이 있음을 깨닫자.

# 마음의 초기 설정을
# 재검토하라

**컴퓨터 초기 설정의 법칙**

**_자기 뜻대로 움직이지 않는다**

효고(兵庫) 현에서 태어난 나는 지역 문화, 부모님의 생각, 선생님의 가르침,《소년 점프(少年ジャンプ)》와 호시 신이치(星 新一)의 소설, 요시모토 신키게키를 접하면서 자랐다. 그리고 자라는 동안 다음과 같은 판단 기준이 형성되었다.

● 이것은 좋은 것.

● 이것은 나쁜 것.

나는 이런 점들을 배움을 통해 알기도 하고, 불쾌함이나 분노를 통해 깨닫기도 했다. 그래서 나쁜 일이라고 배웠거나 느낀 것은 어른이 되어도 스스로 하지 않으려고 노력했다. 무의식적으로 계속 지켰다.

이 상태는 우리 근처에 있는 어떤 사물과 비슷하다. 바로 컴퓨터다. 나는 컴퓨터를 사용해서 업무를 하지만 사실은 컴퓨터 사용에 서툴다. 그래서 사용하다가 마음대로 조작하지 못할 때가 종종 있다. 그럴 때 컴퓨터를 잘 아는 사람에게 확인해달라고 부탁하면 "네가 초기 설정에서 여기에 체크했으니까 이러는 거야"라고 말하는 경우가 있다. 그리고 그 사람이 체크한 것을 없애면 신기하게도 컴퓨터가 잘 돌아간다.

사람의 경우도 다르지 않다. 모르는 사이에 체크해버린 초기 설정 덕분에 끊임없이 고민하게 되는 것이다. 사실은 매우 간단한 장애일지도 모른다. 하지만 그 사실을 잘 모르는 사람은 자기 마음대로 조작하지 못한다.

실제로 상담을 받기 위해 오는 다양한 사람들의 이야기를 듣다 보면 결국 어린 시절에 했던 고민을 나이 들어서까지 하는 경우가 많다. 혹시 여러분도 예전부터 같은 문제에 대해 고민하고 있지 않은가?

몇 번이나 같은 트라우마 경계선을 넘지 못해 좌절하지는 않았는가?

이것은 컴퓨터의 초기 설정을 체크하는 상황과 비슷한 일이 인생에서 일어났을 뿐인지도 모른다.

"어째서 이런 게 Yes에 체크되어 있는 거지?"
"왜냐하면…… 그렇게 하라고 어머니가 말씀하셨으니까."

컴퓨터 작업 중(인생) 오류를 발견하고, 자신의 초기 설정을 찾아 설정을 바꾼다. 생각하기에 따라서 이것은 대단히 즐거운 수수께끼 풀이가 될 수 있다. 다만 이런 일에는 매우 착실한 작업이 필요할 수도, 지금까지 쌓아올린 무엇인가가 무너져버릴 수도 있다. 어쩌면 글을 쓰다가 컴퓨터가 멈춰 재부팅하는 바람에 써놓은 글이 한꺼번에 사라져버리는 일만큼 충격적일지도 모른다.

이렇게 초기 설정을 재검토하는, 즉 트라우마와 대면하는 데 부모님을 마주할 일이 필요할지도 모른다. 부모님은 여러분의 가치관이라는 초기 설정 프로그램의 중요한 설계자이기 때문이다.

그렇게 중요한 설계자와 마주해서 초기 설정의 커다란 오류를 깨닫는 일도 많다.

초기 설정의 내용이 좋은 사람은 인생을 살아가는 동안 큰 고민이 없다. 그러나 초기 설정이 이상한 경우는 당연히 작업이 제대로 되지 않는다. 그렇다고 계속 불만을 쏟아내면 주변 사람들을 불편하게 할 뿐이다.

마음의 초기 설정을 다시 점검하는 일은 매우 힘들다. 컴퓨터를 잘 다루지 못하는 미숙한 사람이 초기 설정을 살펴보는 게 매우 까다롭듯이 말이다. 마음의 초기 설정도 마찬가지로 서툰 사람에게는 어려운 일이고, 능숙한 사람에게는 간단한 일이다.

자신의 초기 설정이 어떤 식으로 되어 있고, 오류가 일어나는 경우 어떻게 해야 그것을 바꿀 수 있을지 생각해보자. 그러면 '아, 뭐야. 여기야?' 하고 싱거울 정도로 간단하게 고민이 해소될지도 모른다.

**Point** 이번 기회에 자신의 초기 설정을 점검해보자.

"

부모님의 가르침이 항상 옳은 것은 아니다.

때로 과감히 벗어나는 것이

자립으로 나아가는 첫걸음이 되기도 한다.

"

# 자신의 내면이 이미
# 충만하게 채워져 있음을 안다

**위스키 통의 법칙**

**_ 아무리 시간이 지나도 채워지지 않는다**

항상 불안하고 자신의 내면이 텅 비어 있어 가치 없는 사람처럼 느껴질 때가 있지 않은가? 이렇게 결핍되어 있고, 채워져 있지 않다고 생각하면 불만족스럽고, 불평불만이 많아진다. 누군가가 가진 것을 보면 빼앗고 싶어지거나 질투하거나 불만이 솟구치는 것이다.

　반면 자신보다 부족하다고 느껴지는 사람을 보면 우월감을 느끼므로 불행한 소식을 전하는 뉴스에 저도 모르게 관심을 기울이거나 타인의 흠을 들추어내게 된다. 마음속으로 항상 경쟁하고 타인과 비교하며, 채워지지 않은 자신을 질책하느라 바쁘다. 계속 자신을 채우기 위해 발버둥 치지만 뜻대로 잘 되지 않는다.

어떻게 해야 내면을 채울 수 있을까? 커다란 위스키 통을 떠올려보자. 위스키 통은 많은 널빤지로 이루어져 있다. 만약 그중 한 장의 널빤지가 원래 높이의 절반으로 쪼개진다면 어떻게 위스키를 채울 수 있을까? 아마 아무리 큰 통이라도 위스키는 그 쪼개진 널빤지 높이까지만 채워질 것이다.

사람은 본래 큰 그릇(통)을 가지고 태어난다. 내용물이 풍성하게 찰랑찰랑 들어갈 수 있는 커다란 통이다. 하지만 언제부터인지 그중 몇 장의 널빤지가 쪼개지고 만다. 그렇게 되면 아무리 애를 써도 위스키는 채워지지 않는다. 계속 부어도 쪼개진 부분으로 위스키는 새고 만다.

만약 널빤지가 쪼개지지 않았다면 통에 가득 위스키가 찰 것이다. 흘러넘칠 정도로 양이 많아지면 주변 사람과 나누어 마실 수도 있다. 통에 넘칠 정도로 많기 때문에 얼마든지 나누어도 안심이 된다. 그러면 주변에 많은 사람이 모이게 되고, 즐겁고 여유로운, 안정적인 인생을 살게 된다.

하지만 우리는 자신의 통이 깨져 있다고 느낀다. 누구든 온전하게 태어났을 텐데도 그렇게 느낀다. 어째서 깨져 있다고 느끼는 것일까? 그것은 깬 사람이 있기 때문이다. 대부분 통의 널빤지를 깨뜨린 사람은 부모나 친구, 선생님처럼 가까운 관계의 사람일 경우가 많다.

"너는 여기가 잘못되었어."
"그런 일은 그만둬."
"어째서 이런 일도 하지 못하는 거야?"
"○○이는 이상해."

이런 말들은 전부 '너는 부서져 있어'라는 다른 표현이다. 아무리 그 말이 예의범절을 가르치거나, 성장하는 데 도움이 되는 말이라고 해도 받아들이는 사람 입장에서는 '너는 깨져 있어'라는 말로 받아들일 수 있다. 더구나 부모나 친구, 선생님처럼 가까운 사람이 하는 말이기에 진심으로 받아들일 수밖에 없었을지도 모른다.

하지만 처음부터 마음의 널빤지는 깨지지 않았다. 아직 여러분의 통은 충만함으로 가득 차 있을지도 모른다.

그러니 이제 통이 부서져 있다고 생각하지 말자. 이제 사람들과 다투지 말고 서로 이해하자. 통 안의 위스키는 없어지지 않는다. 이제 자신을 괴롭힌 사람을 미워하지 않아도 자신의 내면을 채울 수 있다. 어쩌면 이미 내면이 사랑으로 꽉 채워져 있을지도 모른다.

 **Point** 대부분의 사람은 온전한 상태로 태어난다.

# 눈앞에 닥친 괴로운 문제는
# 그동안 외면했던 것들이다

## '전하는 말'의 법칙

### _눈물이 마를 때까지 우는 편이 낫다

예전에 우리 세대에 유행한 노래 중에 가엔타이(海援隊)의 〈전하는 말(贈る言葉)〉이라는 곡이 있다. 다케다 데쓰야(武田鉄矢) 주연의 명작 드라마 《3학년 B반 긴파치 선생(3年B組金八先生)》의 주제곡이다. 나는 줄곧 그 노래 가사 중 '사람은 슬픔이 많을수록 다른 사람에게 상냥하게 대할 수 있으니까'라는 구절을 들으며, "그런 일은 없어"라고 반발했다.

당시 나는 슬픔을 안고 계속 토라진 마음으로 살아 어떤 의미에서 계속 마음이 꼬여 있었다. 그래서 이 가사를 듣고도 전혀 다르게 생각했다.

'슬픔이 많을수록 마음은 꼬여 가지. 상냥해질 리가 없어.'

하지만 그렇게 생각하게 된 것은 모두 나쁜 일을 겪은 것을 남 탓으로 돌렸기 때문이었다. 그 후 더는 남 탓 하지 않고, 나쁜 일은 나 스스로 일으킨 것이라고 생각하게 되었다. 하지만 몇 가지 위기를 힘겹게 극복하는 동안 다시 괴로움을 느끼게 되었다. 그 과정에서 내가 얼마나 그릇이 작은 사람이었는지도 깨닫게 되었다.

그리고 비로소 내가 아닌 타인의 괴로움도 받아들이게 되었다. 마침내 그 노래 가사처럼 슬픔을 깊이 느낄수록 타인에 대한 이해가 깊어지고, 상냥해지고, 마음이 열리게 된 것이다.

또한 노래에서는 이런 구절도 나온다.

"슬픔을 참고 미소 짓기보다 눈물이 마를 때까지 우는 편이 나아."

슬픔과 불합리한 일, 분노에 맞서려면 대단한 에너지가 필요하다. 그런데 어린 시절에는 그 정도의 에너지가 없고, 문제에 대처하거나 자기 마음을 표현하는 방법을 모른다. 그래서 웃을 수밖에 없고, 말하는 대로 따르고, 모르는 척하는 수밖에 없다. 그리고 결국 감정을 닫는 수밖에 없다. 그편이 편하고, 그렇게 해야 안전하게 살아갈 수 있기 때문이다.

그러면 그때 느낀 분노와 슬픔, 결핍 등의 감정이 남게 된다. 사실 슬픔과 분노라는 감정은 충분히 슬퍼하고, 화를 내는 등 느낄 만큼 느끼면 승화되어 사라진다. 하지만 대부분의 사람들은 그 감정을 미처 느끼지 않은 채 동결시켜버리고 만다. 드러내어 화를 내고 슬퍼하는 일은 하면 안 된다고 배웠기 때문이다. 그 후에도 무의식적으로 아직 내부에 슬픔이나 분노가 남아 있다는 것을 애써 외면하고 없던 일로 취급해버리고 만다. 이는 결국 트라우마의 토대가 된다.

이런 트라우마는 어른이 되어 일상생활을 하던 중 갑자기 당시 감정이 해동되어 나타날 때가 있다. 그리고 눈앞의 사람이나, 사건의 재현을 통해 간접 체험을 하게 된다. 그것이 바로 문제로 나타난다. 즉, 문제와 문제가 되는 인간관계는 응어리져 있는 과거의 감정을 떠올리게 하는 도구인 것이다.

한껏 슬퍼하고

실컷 화내고

힘껏 웃자.

눈앞에 놓인 문제는 여러분이 남겨 놓은 감정의 조각이다. 그 조각을 해동해서 마주하면 분명히 자신이 잃은 감정을 되찾을 수 있다. 지금부터라도 좋으니 그때의 감정을 마음껏 느끼고 보내주기 바란다.

**Point** 슬프면 슬퍼하고, 분노할 때는 크게 화를 내자.

# 문제는 풀어야
# 비로소 가치가 생긴다

## 시험의 법칙

### _인생의 시련이 찾아오는 의미를 알 수 있다

우리는 곤란할 때, '문제가 일어났다', '저 사람은 문제다', '나는 이런 부분이 문제다'라고 표현한다. 이것은 참 흥미롭다. 이외에도 사회문제, 북한 문제, 부부 문제 등 다양한 방식으로 사용한다. 그러고 보니 학교의 시험지에도 문제라고 쓰여 있다. 이 경우 문제에 해답이 있다. 즉, 문제는 풀어야 할 대상이다. 사회적으로 말하는 문제가 끝이 났을 때 해결(解決)되었다라고 한다. 여기에도 푼다는 뜻의 '해(解)'자가 들어 있다.

시험 문제를 마주할 때나 문제라고 느끼는 사람이 눈앞에 나타났을 때, 우리는 때에 따라서 그것을 배제하려고 한다. 또 도망치거나, 맞서지 못하거나, 답을 훔쳐보기도 한다. 그러나 문제를 해결한다는 것은 그 문제를 푸는 일이다. 풀지 않고 그대로 두면 미해결 숙제로 남아 계속 뒤를 따라다닌다.

문제를 해결한다는 것은 눈앞의 힌트를 활용해 문제를 풀고 다음 단계로 나아가는 일이다. 틀리더라도 그 문제 자체를 바꾸려고 하는 일은 없다. 문제를 풀면 자기 인생이 점차 앞으로 나아간다. 눈앞에 나타난 문제(사람이나 사건, 자신의 내면)는 다음 단계로 나아가기 위한 일종의 시험이라고 할 수 있다.

입학시험, 진급 시험, 승단 시험, 승진 시험 등 다음 단계로 나아가는 과정에서 대부분 시험이라는 관문을 거쳐야 한다. 그 시험을 극복하지 않으면 다음 단계로 나아가지 못하고 계속 제자리에 머무르게 된다.

다만 인생의 시험에서는 100점을 맞을 필요가 없다. 학교의 진급 시험도 인생의 진급 시험도 마찬가지다. 현재의 위치나 수준에서 무언가를 제대로 배우고, 다음 단계로 나아가기 위한 경험을 쌓으면 성장할 수 있다.

누구에게나 곤란한 사건, 불편하다고 느끼는 일은 항상 찾아온다. 이것이 인생의 시험 문제이기 때문이다. 다행히 시험에 나오는 문제는 배운 내용, 즉 경험한 것들이다.

문제가 발생할 때는 인생의 승급 시험을 보는 시기다. 이때 지금까지 거쳐 온 자신의 인생을 다시 한 번 돌이켜보고 남겨놓은 것, 도망쳐 온 것에 다시 몰두해야 다음 단계로 나아갈 수 있다.

하지만 실제로는 문제가 나쁘다고 문제 탓을 하는 사람도 적지 않다.

"네가 바뀌지 않으니까."
"저 사람이 바뀌지 않으니까."
"저 사람 탓이야."
"사회 탓이야."
"저 상사 탓이야."

이렇게 타인의 탓을 한다. 자신은 제대로 하고 있고, 문제가 없다고 다른 쪽으로 문제를 떠넘기면 사고력도 행동력도 습득할 수 없다. 그러면 진급 시험에 불합격하는 것은 물론이고, 제자리걸음만 하게 된다.

자신에게 주어진 문제를 명확히 인식하자. 문제 자체를 어떤
의미, 메시지, 힌트로 활용하면 여러분은 반드시 성장할 수 있다.

**Point**

자기 문제에 정답은 없다.
오직 자기만 아는 답이 있을 뿐이다.

# 주변 사람을 보면
# 자신을 알 수 있다

**방귀 법칙**

**_카메라나 비디오 없이 자신을 볼 수 있다**

매우 당연한 일이지만 어떤 도구를 사용하지 않는 한 자신의 얼굴은 보려고 해도 볼 수 없다. 아무리 보려고 해도 보이지 않는다. 고개를 빠르게 돌려도 불가능하다. 그렇게 아주 당연한 일을 어느 날 문득 깨닫고는 피식 웃음이 나왔다. 거울이나 비디오, 사진의 위대함을 새삼 느낀 순간이었다.

　나는 고등학생이 된 후 헤어스타일에 신경 쓰기 시작했다. 거울을 보면서 가르마를 어떻게 탈지 이리저리 고민했다. 분명히 텔레비전에서 본 연예인과 같은 방향으로 가르마를 탔다고 생각했는데 사진을 보니 반대 방향이라서 놀란 적도 있다.

또 노래방에서 울리는 자기 목소리를 들으면 매우 위화감이 느껴지기도 한다. 분명히 자신이 듣고 있는 목소리는 항상 듣는 익숙한 목소리다. 그러나 맨 처음 내 목소리를 녹음해서 들었을 때는 도망치고 싶었다. 세미나를 하는 모습을 처음 비디오로 촬영해서 봤을 때도 마찬가지였다.

이렇게 거울, 비디오, 카메라가 없으면 대부분의 사람은 자기 모습조차 스스로 볼 수 없다. 화장을 해도, 옷을 입어도 거울이 없으면 내 모습이 어떤지 알 수 없어 확인할 수도 없다. 수염도 깎을 수 없다.

방귀도 마찬가지다. 만약 완전히 밀폐된 방 안에서 몰래 방귀를 뀌었다고 하자. 주변 사람이 "엇, 무슨 냄새가 나는데"라고 할 것이다. 하지만 자신이 뀐 방귀 냄새는 자기 것이므로 타인의 방귀 냄새보다 훨씬 참을 만하다. 그때 누가 "네가 방귀 뀌었지?"라고 말하면 정곡을 찔려서 "아니야!"라고 정색하며 화를 낸다. 또 누군가가 무심결에 방귀를 뀌었을 때는 자신이 방귀 뀌었을 때 어땠는지 생각하지도 않고 기고만장해져서 놀리기도 한다.

이런 사람에게 상담을 하면서 "당신도 방귀(그런 심한 일)를 뀌잖아요"라고 물으면 "그렇지만 나는 뀌었다고 말해요", "나는 아무도 없는 곳에서 뀌어요"라고 대답한다. 그리고 꼭 "저 사람만큼 냄새가 독하지 않아요!"라는 말을 덧붙인다.

마음을 비추는 거울은 없다. 그러나 자신이 내뿜는 에너지와 비슷한 에너지를 가진 사람이 주변에 모이는 법이다. 즉, 내 주변은 자기 자신과 비슷한 색으로 물들어 간다.

- 자신이 내뿜는 에너지
- 자신이 하고 있는 표정이나 말버릇
- 자신이 주변에서 어떻게 보이는가?
- 자신이 이제부터 어떻게 되어갈 것인가?

이런 것을 알려면 자신의 주변 사람을 거울 대신 보는 수밖에 없다.

'남의 언행을 보고 제 버릇 고쳐라.'

이런 옛말은 정말 그대로 들어맞는다. 주변에 있는 사람은 거울처럼 자기 자신을 투영한다. 자기 주변을 잘 살펴보면 스스로는 보이지 않는 자신의 문제와 마주할 수 있다.

지금 자기 주변에 있는 사람이 어떤 말버릇, 어떤 행동, 어떤 사고방식, 어떤 마음씨, 어떤 태도로, 어떤 색으로 물들어 가고 있는가? 그것이 바로 나 자신의 모습일지도 모른다.

**Point** 주변 사람을 한 사람씩 다시 살펴보자.

“

자기 자신의 모습은

스스로 알 수 없다.

그래서 타인이 있는 것이다.

”

# 실패해도 좋으니
# 자신의 생각을 소중히 하자

## 브레인 프리즈 법칙

### _곤란한 상황에서 사고가 정지한다

종종 "내 의견이 없어요", "머리가 새하얗게 돼요"라면서 상담을 하러 찾아오는 사람이 있다. 머리카락에 대한 이야기가 아니라 패닉으로 머릿속이 새하얗게 되거나 질문을 받아도 아무 생각이 떠오르지 않는다는 의미다. 다른 말로 브레인 프리즈(Brain Freeze, 아주 찬 것을 먹었을 때 총알이 머리를 관통하는 것과 같은 짜릿하고 고통스런 감각)'라고 말한다. 마치 머리가 얼어버린 듯 두

뇌의 한 기능이 갑자기 멈춰버리는 상황, 또는 잠깐 두뇌가 제대로 회전하지 못하는 순간을 말한다.

나는 그 이유를 생각하다가 하나의 결론에 도달했다. 머리가 새하얗게 되는 까닭은 아마도 그동안 살면서 자신의 의견을 내세우지 않았기 때문일 것이다.

우리는 살아가면서 다양한 것을 보고 듣고 생각한다. 그렇게 받아들인 정보는 그 사람 안에 있는 지금까지 인생에서 쌓아온 독자적인 가치관과 대조된 후 비로소 감정과 생각이 태어난다. 요컨대 머리가 새하얗게 되는 사람은 이 감정과 생각이 어디론가 사라진 것이다. 과연 어디로 가버렸을까?

지금까지 자신의 의견이나 생각이 떠올랐을 때 그것을 입 밖으로 꺼냈더니 웃음거리가 되었거나, 혼이 났을 수도 있다. 틀렸다거나 이상하다는 말을 들었을지도 모른다. 혹은 자신의 생각을 입 밖으로 꺼낼지 말지 주저하는 동안 다른 사람이 그것과 같은 말을 해서 비판받는 모습을 보았다면? 만약 이런 체험을 지금까지 여러 번 해 왔다면 일상생활 속에서 다양한 생각이 떠올랐다고 해도 다음과 같이 생각할 것이다.

● 이런 이야기를 하면 웃음거리가 된다.

- 이런 이야기를 하면 혼이 난다.
- 이런 이야기를 하면 무시당한다.

그래서 애써 떠올린 생각을 전부 지워버린다.

'이것도 안 돼, 그것도 안 돼, 저것도 안 돼.'

이런 경험을 반복하게 되면 '아무것도 남지 않는다=새하얗다' 라는 도식이 만들어진다. 즉, 떠오른 모든 생각과 감정에 스스로 '그건 아니다'라는 부정적인 표시를 해서 버린 셈이다.

새하얗게 되지 않고 남은 생각은 아마도 무난한 생각일 것이다. 무난한 생각은 그야말로 무난해서 실패하지 않는 것이다. 상대방을 화나게 할 일도, 웃음거리가 될 일도 없다. 모두 똑같이 실패하지 않는다. 행동의 판단 기준이 이렇다면 지금까지 살아온 인생에서도 무난한 것만을 골라서 살아왔을 것이다. 그러면 무난한 인생이 만들어진다.

이렇게 말하면서도 나 역시 종종 무난한 쪽을 선택했다. 하지만 앞으로의 인생을 좀더 즐겁게 살고, 좀더 성장하고 싶다면 무난함이 아니라 용기, 도전, 실패를 선택해보자. 그런 판단 기준으로 살아가면 힘들더라도 즐거움이 있다.

베스트셀러 《꿈을 이루어주는 코끼리(夢をかなえるゾウ)》(김문정 역, 나무한그루)의 저자 미즈노 케이야(水野敬也)가 쓴 《대금성(大金星)》이라는 소설이 있다. 여기에서 주인공을 도와주는 이상한 남자가 이런 말을 한다.

"사람은 당황하는 만큼 성장하는 생물이다."

정말이지 무릎을 치게 하는 좋은 말이다. 인간은 위기나 고민을 극복하면서 비로소 뿌리를 내리고, 열매를 맺으며 크게 성장하는지도 모른다. 자, 앞으로 무난함과 도전 중에 어느 쪽으로 가겠는가?

**Point** 떠오른 자신의 의견이나 생각을 다른 사람에게
한 번 제시해보자.

# 정답에
# 얽매이지 않는다


**같은 대답 법칙**

**_인생은 어느 쪽으로 쓰러져도 변하지 않는다**


'저 사람과 더는 함께 일하기 싫어서 회사를 그만두고 싶다.'

➡ 하지만 그렇다고 해서 다른 직장에 간들 제대로 행동할 자신이 없다.


'그와 사귀는 것이 괴로워서 멀어지고 싶다.'

➡ 하지만 또 누군가와 사귈 자신이 없다.

이처럼 "이것도 안 되고, 저것도 안 돼"라는 식으로 자신감이 없고, 그렇다고 타인도 믿지 못할 때 결단을 내리는 일은 매우 고민스럽다.

'회사를 그만둘까, 말까?'
'그녀와 헤어질까, 말까?'
'결혼을 할까, 말까?'
'가장 상처 입지 않는 방법은 A일까, B일까?'
'여기에서 말해야 할까, 하지 말아야 할까?'

이렇게 많든 적든 우리는 A나 B로 고민한다. A가 좋을까, B가 좋을까? 인생에는 산더미처럼 선택지가 있다. 선택지를 앞에 두고 "어느 쪽이 정답(실패하지 않는)일까?"라고 고민하는 상황은 많이 존재한다. 그래서 가도 후회하고, 안 가도 후회라고 한다.

하지만 사실 정답이 없을지도 모른다. 가령 A를 선택했다고 하자. 그러면 바로 다음에 C, D, E, F를 선택해야 하는 상황이 눈앞에 반드시 찾아온다. 그래서 이번에는 C를 골랐다(다른 선택지를 모두 버렸다). 그러면 그다음에 바로 이번에는 G, H, I, J, K, L, M, N을 선택하는 상황이 반드시 나타난다. 그래서 G를 선택했다.

그러면 그 O, P, Q, R, S……. 이렇게 연이어 선택해야 하는 결단의 연속이 찾아온다.

인생은 눈앞의 A나 B만으로 결정되지 않는다. 그리고 사실 자신의 현재 상태는 그때그때 자신의 사고 회로에 의해 최선의 선택을 해 온 결과라고 하겠다.

- 가장 좋다고 생각하는 방법
- 가장 상처 입지 않는 선택
- 가장 실패하지 않는 선택
- 가장 성장하는 데 도움이 될 수 있는 선택

우리는 지금까지 도대체 몇 가지의 선택지를 버려 왔을까? 그리고 앞으로 몇 가지의 선택지를 버릴까? 선택지는 기하급수적이고 무한하다. 전부 양자택일이라고 해도 열 번 결단하는 사이에 천 번 이상의 선택지를 버린다. 20번 결단하는 사이에는 100만을 넘는 선택지를 버리게 된다. 그렇게 되면 어느 것이 정답인지 전혀 알 수 없다. 100개의 답 중에 정답이 하나일 리도 없다.

그러므로 정답에 얽매이는 것은 안타까운 일이다. 어떤 선택이

마음이 끌리는 대로

행동해도 인생은

제대로 간다.

자신이 성장하는 데 가장 도움이 될까? 그런 선택 기준이 결과적으로 올바르고 후회 없는 선택을 하게 해줄지도 모른다.

**Point** 　정답에 신경 쓰지 말고 자신이 믿는 대로 선택하라.

# 자신을 영화 주인공이라고
# 가정해보자


**인생극장 법칙**

**_인생을 극적으로 산다**


나는 영화를 좋아해서 자주 본다. 영화의 재밌는 부분은 역시 극적인 요소다. 그리고 잘 만들어진 영화는 다양한 부분에 극적인 요소가 장치되어 있다. 또한 크나큰 시련과 괴로움, 그리고 그만큼의 행복과 즐거움을 주는 영화일수록 더욱 감동적이다.

학대받던 주인공이 어떤 계기로 다시 일어서서 성공하거나 다양한 역경을 극복해서 행복해지는 모습에 감동한다. 영화를 보면서 주인공이 성장하는 모습에 자신을 오버랩하기 때문이다. 만약 처음부터 마지막까지 행복한 공주님만 나온다면 아무도 보지 않을 것이다.

또한 강렬한 악역도 영화를 재미있게 하는 요소다. 배반과 오해, 원한과 슬픔 등의 부정적인 감정이 있어도 조금씩 오해가 풀리면서 서로 용서하는 모습, 재해가 일어나도 곤경에 맞서는 모습은 감동을 자아낸다.

이제 여기까지의 이야기를 여러분의 인생에 적용시키면 어떨까? 인생도 영화와 마찬가지다. 극적이면 극적일수록 매력적이지 않을까? 이야기의 주인공은 꿈과 목표에 향하는 과정에서 강력한 라이벌이 나타나거나 병마에 시달리기도 하고, 다양한 장애나 문제를 만나더라도 지혜와 용기를 이용해서 극복해낸다. 자, 지금 여러분은 스토리의 어떤 장면에 있는가?

**Point** 다양한 골치 아픈 문제들이 때로 인생을 극적으로 바꾸기도 한다.

# 신은 극복할 수 있는
# 시련만 준다

## 신의 법칙

### _고난은 영혼을 키우고 성장시킨다

만약 내가 신이었다면? 일본에서 태어나 내 영혼이 들어간 인간에게 어떤 일을 시킬까? 그저 여유 있고 한가로운 기분으로 살게 했을까? 아니면 영혼을 기르고 성장할 만한 일을 시킬까? 아마 후자를 고를 것이다. 그러려면 무엇이 필요할까? 바로 시련이다.

조금 노력하면 극복할 수 있는 시련, 매우 노력하면 극복할 수 있는 시련을 줄 것이다. 절대로 극복하지 못할 시련은 준비하지 않는다. 마치 선생님이 시험 문제를 만드는 것과 비슷한 기분일지도 모른다.

　조금 함정을 파기도 하고, 점수를 높일 수 있는 문제를 준비하기도 하며, 매우 어려운 문제를 섞거나 어딘가에 힌트를 준비해 놓을 것이다. 물론 시험을 볼 때는 답을 가르쳐주지 않는다. 모든 학생이 100점을 맞아야 하는 게 시험을 보는 진짜 목적이 아니기 때문이다. 하지만 학생들이 끙끙 고민하고 망설이다가 "아!" 하고 깨달았다는 듯이 펜을 움직이기 시작하면 선생님의 얼굴에는 미소가 번질 것이다.


"선생님 모르겠어요. 한 번만 가르쳐주세요."


문제 풀기를 포기한 채 너무 어렵다고 하소연하는 학생들에게는 어떻게 해야 할까? 웃으면서 스스로 답을 찾을 때까지 기다려주지 않을까?


"이런 문제라면 풀 수 있겠지. 한 번 시도해보자."


이렇게 말하며 문제를 풀지 못해 끙끙거리는 학생, 풀기 위해 긍정적으로 노력하는 학생에게는 더 쉬운 문제를 낼지도 모른다.

"선생님 그래도 모르겠어요. 힌트 좀 주세요."

그러면 선생님은 또 힌트를 줄 것이다. 왜냐하면 학생들의 성
장을 기대하기 때문이다. 노력하고 또 노력하고, 고생하고, 궁리
하면서 영혼은 연마된다는 것을 누구보다 잘 알고 있으니 말이
다. 내가 부모의 마음을 지닌 신이라면, 선생님이라면 분명히 그
렇게 했을 것이다.

 지혜롭게 시련을 극복할 수 있는 방법을 찾아보자.

## 원활한 인간관계를 위한 Tip 4

★ 극복할 수 없는 벽은 자신이 지금까지 가장 보고 싶지 않은 트라우마의 경계선임을 깨닫자.

★ 자신이 항상 채워지지 않은 통이라고 생각해도 통은 이미 채워져 있다.

★ 미해결된 문제는 숙제로 남아 계속 따라다닌다. 그렇게 남은 숙제를 끝까지 해결하기 위해 노력하면 성장할 수 있다.

★ 성장하고 싶다면 안전함을 선택하기보다 용기를 내서 도전하고 실패해본다.

# 제대로 화를 내야
# 관계가 좋아진다

－원활하고 즐거운 인간관계를 위해서

# 불만과 분노 쌓기가
# 관계를 망친다

지금까지의 이야기는 어땠는가? 힘든 인간관계에서 조금은 편해졌는가? 그런데 사실 마음이 힘들고 괴로워지기 전에 미리 예방하면 좋을 것이다. 그래서 마지막 장에서는 힘든 인간관계를 차곡차곡 쌓아 올리다가 자기 자신이나 타인을 싫어하게 되기 전에 미리 할 수 있는 방법들을 모았다.

스탬프 쿠폰 법칙(103쪽)에서도 이미 밝혔지만, 쿠폰에 도장을 찍듯이 불만과 분노를 모으게 되면 언젠가 폭발하거나 자신의 생각을 포기하게 된다. 그래서 도장을 모으지 않으려면 힘든 마음을 쌓아 올리지 않는 행동과 습관이 매우 중요하다.

인간관계가 힘들다고 폭발하거나 포기하기 전에 무엇을 할 수 있을까?

습관을 어떻게 바꾸어야 할까?

여러분의 일상생활에 이번 장의 이야기가 도움이 된다면 정말 기쁠 것이다.

# 가지고 있는 것에
# 감사하자

도박의 법칙

_가지고 있는데 가지고 있지 않다고 믿는다

예전에 내 마음은 매우 메말라 있었다. 즉, 내면이 채워지지 않아 끊임없이 무엇인가를 갈구했다. 주변 사람이나 일을 통해 채우려고 했지만 실상은 공허함만 더해 갔다. 시간이 흐르면 흐를수록 마음은 더 바짝바짝 메말라 가는 상태였다.

● 모두와 같지 않다. ➡ 불평

● 채워져 있지 않다. ➡ 불만


'부족하다, 부족하다, 부족하다.'


그렇게 계속 생각했다. 그래서 가진 것에 대해 진심으로 고맙다고 생각하지 않았다. 왜 그렇게 부족하다고 느꼈을까?

그 이유를 잘 설명해주는 흥미로운 심리학 실험이 있다. 바로 '파블로프의 개'라는 유명한 실험이다. 이 실험은 벨을 울리면 고기가 나오는 작업을 반복했을 때 개가 벨이 울리기만 해도 침을 흘린다는 자동반사신경에 대한 것이었다. 하지만 사실 이 습관을 좀더 명확하게 설명하기 위해서는 다음과 같은 방법이 있다.


개가 버튼을 누른다. ➡ 고기가 나온다.


이 과정을 지속하면 개는 버튼을 누르면 고기가 나온다고 학습한다. 그런데 다음과 같이 때때로 고기가 나오지 않는 경우를 무작위로 섞는다.


1. 개가 버튼을 누른다. ➡ 고기가 나온다.

2. 개가 버튼을 누른다. ➡ 고기가 나온다.

3. 개가 버튼을 누른다. ➡ 고기가 나오지 않는다.

4. 개가 버튼을 누른다. ➡ 고기가 나온다.

5. 개가 버튼을 누른다. ➡ 고기가 나오지 않는다.

6. 개가 버튼을 누른다. ➡ 고기가 나온다.


마치 도박처럼 결과가 무작위로 나오게 하면 개는 의아해하며 연달아 몇 번이고 버튼을 계속 누른다. 이것을 인간관계에 적용할 수 있다.


어떤 노력을 했다. ➡ 칭찬받았다.


이 과정을 지속하면 사람 역시 노력하면 칭찬받는다고 학습한다.


1. 어떤 노력을 했다. ➡ 칭찬받았다.

2. 어떤 노력을 했다. ➡ 칭찬받았다.

3. 어떤 노력을 했다. ➡ 칭찬받았다.

4. 어떤 노력을 했다. ➡ 칭찬받지 않았다.

5. 어떤 노력을 했다. ➡ 칭찬받았다.

6. 어떤 노력을 했다. ➡ 칭찬받지 않았다.


　이렇게 때때로 '칭찬받지 않았다'가 섞이면 사람은 의아하게 생각해서 필사적으로 계속 노력한다. 때에 따라 칭찬받거나 칭찬받지 않는 일이 지속되면 칭찬받지 않을 때 '뭐지? 어디가 잘못된 건가?' 하고 맹렬히 자신의 결점을 찾는다. 그리고 자기 마음대로 예상해서 찾아낸 이유를 '안 되는 이유'로 자신의 가치관에 연결시킨다. 그런데 그런 식으로 계속 노력하다 보면 '도대체 어떻게 해야 칭찬받을 수 있는 거야?'라며 망연자실하게 된다.
　항상 '노력한다 → 칭찬받을 수 있다'는 상태가 되려고 필사적이 되고, 그것이 이루어지지 않으면 절망한다. 그리고 '나는 칭찬받은 적이 없어', '인정받지 못했어', '부족해', '그럴 만한 가치가 없으니까 그런 거야'라고 믿게 된다.
　나는 이것을 '도박의 법칙'이라고 이름 붙였다. 가진 것에 감사하는 마음이 없는 사람은 이런 이상한 습관에 빠져 있을 뿐인지도 모른다. 아무리 노력한다고 해도 늘 같은 결과가 나올 수 없는데 자신이 부족하기 때문이라고 확신한다. 그러니 '혹시 나는 뭐든지 가지고 있을지도 몰라'라고 의심해볼 필요가 있다. 자신이 '부족하다', '채워져 있지 않다'라고 느낄 때, '좀더 ○○을 원해',

'○○이 되고 싶어'라고 느낄 때, 반드시 자기 자신을 의심해보기 바란다.

"사실 나는 장점이 정말 많아."
"실제와 달리 가지고 있지 않다고 믿고 있을 뿐인지도 몰라."

맨 처음에는 진심이 아니라 말뿐이라고 해도 가진 것에 고마워하는 습관을 들이는 것은 자신을 변화시키는 좋은 방법이다.

 가지고 있는 것 하나하나에 감사하는 마음을 갖자.

# 때로는 제대로
# 독을 토하라

## 착한 거짓말 법칙

### _좋은 말만 하면 나쁜 일이 일어난다

영적인 기운이 담긴 말에 대해 알고 있는가? 말에는 에너지가 있어서 좋은 말에는 좋은 에너지가, 나쁜 말에는 사람을 병들게 할 정도의 독성이 있다고 한다. 자기계발이나 심리의 세계를 배울 때 당연히 말에 신경 쓰게 된다. 그래서 "고맙습니다", "감사합니다", "행운이다", "덕분입니다", "기쁘다", "즐겁다" 같은 말을 되도록 많이 하려고 한다.

이런 말들은 분명히 매우 좋은 영향을 주는 훌륭한 말이다. 매사에 형식적인 것부터 시작하는 것은 중요하다. 아무리 진심이 어려 있지 않아도 습관적으로 계속 말하다 보면 곧 마음이 생기기도 한다.

심리 요법 중에 '기적 질문(Miracle Question)'이라는 것이 있다. '만약 기적이 일어난다면?'이라고 가정해보는 방법이다. 먼저 문제가 해결된 이상적인 미래를 상상한다. 그리고 이상적인 미래에서 하는 행동 중에 지금 당장에라도 할 수 있는 일이 있다면 지금 현실 세계에서도 해본다. 그러면 이상적인 미래에 가까워질 수 있다는 것이다.

예를 들어, 이상적인 미래를 상상했을 때 항상 "고맙습니다"라며 감사해하는 자신의 모습을 상상했다고 하자. 그러면 현실 세계에서도 최대한 항상 감사하는 습관을 들이면 이상적인 미래가 올 가능성이 커진다는 방법이다.

NLP 심리 기술 중에도 '모델링(Modeling)'이 있다. 이것은 자신이 존경하는 사람이나 자신이 되고 싶은 사람의 언행을 흉내 내거나 완전히 그 사람을 모방해서 사고방식과 신념까지 받아들여 이상적인 상태에 이르는 방법이다.

가령 자신이 동경하는 사람의 말버릇이 "고맙습니다"라면 똑같이 "고맙습니다"라고 말하면서 감사해본다. 그러면 그 사람에 가까워진다는 것이다. 실제로 이처럼 해서 좋은 결과를 얻은 사람이 많으므로 효과적인 방법이라고 할 수 있다. 이렇게 좋은 말을 쓰면 긍정적인 파동이 일어나서 바람직한 상태를 만들어낼 수 있다.

그런데 실제로 이 방법을 하면 할수록 괴로워지는 사람이 있다. 말로는 "고맙습니다"라고 해도 마음속으로 납득하지 못하거나 분노에 차 있는 사람이다. 분명히 안 좋은 일을 당했을 때는 "감사합니다", "행운이네"라고는 생각할 수 없다. 하지만 그럴 때도 '분명히 좋은 일이 있을 테니까'라는 생각으로 계속 좋은 말만 사용한다. 그리고 '나는 문제없어'라고 태연한 척을 하고, 좋은 사람인 척을 한다.

'나는 다른 사람의 험담이나 불평 같은 건 말하지 않아'라고 자신에게 거짓말을 한다. 그런 사람의 속마음에는 내뱉지 못한 험담과 불평이 새카맣게 쌓여 간다. 그럴 때는 과감히 불평과 험담을 표현해보자.

본심을 있는 그대로 표현하는 편이 좋을 때도 있다. 눈 딱 감고 마치 디톡스하듯이 몸에서 부정적인 에너지를 배출한다. 일단 분노를 방출하면 시원해진다. 그런 속마음을 내보내고 산뜻해진 뒤에 다시 긍정적인 말을 사용해보자. 다만 지나치게 불평과 험담,

불만만 말하면 신은 내 편이 되어주지 않는다. 그러니 부정적인 감정의 배출은 어디까지나 가끔 하기로 한다.

　부정적인 에너지를 토해내자. 참고 쌓아두면 기분이 나빠지고, 안색과 표정에 드러난다. 그러면 나에게 시커먼 기운이 감돈다. 입꼬리만 올라가고 눈이 웃지 않는 사람이 된다. 그런 사람이 된다고 생각하면 스스로 무섭지 않은가?

**Point**　부정적인 감정을 감사하다는 말로 무리하게 감추지 않는다.

부정적인 에너지로

내면이 가득 차 있지 않은가?

# 미숙한 부분,
# 나쁜 부분을 인정한다

## AND(그리고) 법칙
### _자신의 그릇을 크게 한다

있는 그대로 자신을 인정하고 받아들이는 일은 아무리 이해하고 있어도 말처럼 쉽게 되지 않는다. 우리는 자신의 어떤 점이 싫고, 어떤 점을 인정할 수 없으며, 미숙하다고 생각한다. 그래서 어떻게든 바뀌고 싶은 마음이 든다. 이것은 자기 자신과 싸우는 상태다. 이렇게 자신의 내면에서 전쟁을 벌이고 있는 마음이 불편한 사람이 되어 앞에 나타난다. 자기 내면에 있는 가상의 적이 실제로 눈앞에 나타나므로 부정하고, 싸우고 싶어진다.

이것은 인정하지 않기 때문이다. 그리고 '너는 틀렸어', '너는 좀더 이렇게 되어야 해'라며 상대를 바꾸려고 한다. 눈앞의 상대를 바꾸려고 할 때는 상대를 부정하게 된다. 상대를 부정한다는 것은 자신이 옳고, 더 낫다고 생각하기 때문이다.

'당신은 틀렸어.' 하지만 '나는 옳아.'
'나는 옳아.' 하지만 '당신은 틀렸어.'

이런 생각이 문제를 일으킨다. 종교 전쟁도 이런 식으로 일어난다. 사물을 보는 견해와 사고방식에 차이가 있기 때문이다.

그렇다면 어떻게 해야 할까? 인정하는 일이 해결의 열쇠가 된다. 자기 내면의 나쁜 부분, 약한 부분은 가능하면 어디론가 사라지기를 바랄 것이다. 즉, 보고 싶지 않고, 듣고 싶지 않고, 닿고 싶지 않다고 부정한다. 그럴 때 나쁜 부분이나 약한 부분을 그저 바라보고 '아, 나쁘고 약한 내 모습을 두려워하는 내가 그곳에 있구나'라고 생각한다. 긍정하지 않아도 되고, 좋아하지 않아도 되며, 생각하려고 하지 않아도 된다. 그저 내면에 있다고 존재를 확인한다. 이렇게 무시하지만 않아도 인정할 수 있다.

"머리로도 이론으로도 알고 있지만 구체적으로 어떻게 해야 좋은지 모르겠어요"라고 하는 사람도 있다. 상담하는 중에도 사람들은 종종 이렇게 물어온다. 그렇다면 다음과 같이 해보자.

자신의 결점과 나쁜 부분이 싫을 때 "여기가 부족해. 하지만 그러면 안 돼"라고 BUT으로 부정한다.

"나는 약해. 하지만(BUT) 그러면 안 돼."

이렇게 "그러면 안 돼"라고 부정한다.

이때 AND를 사용해본다.

"나는 약해. 그러니까(AND) 노력하자."

"할 수 없는 일도 있어. 그리고(AND) 할 수 있는 일도 있어."

"나는 옳아. 그리고(AND) 너도 옳아."

"나는 이것을 할 수 없어"라고 일단은 할 수 없는 자신을 인정하고, "그러니까(AND) 나아질 수 있도록 노력하자"라고 한다. 안 되는 자신과 그렇지 않은 자신, 양쪽 다 존재한다. 어느 쪽을 좋아해도 되고, 어느 쪽을 선택해도 된다. 다만 부정하지 않는다. BUT으로 전자를 부정하지 말고 양쪽의 존재를 전부 인정한다.

이제부터 BUT이 아닌 AND를 사용하면서 살아가면 어떨까? 그렇게 AND 하면 안도할 수 있다. 그렇게 자신의 약한 부분, 할 수 없는 일, 나아가 다른 사람들의 가치관을 인정하면 자신의 그릇 자체가 커질지도 모른다.

**Point**

BUT보다 AND 하며 인생을 살아가라.

# 할 수 없는 일을
# 속속들이 드러내라

## 모르는 것이 이기는 법칙

### _자신을 가장 성장시킨다

어느 영어 회화 학원에서 일어난 일이다. 어느 날, 젊은 남성 A군이 들어왔다. A군은 학생 시절에 공부를 잘 하지 않았기에 영어로는 전혀 대화하지 못했다. 그 외의 학생은 모두 어느 정도 대화가 가능했으며, 유학 경험이 있어 남들보다 유창한 회화 실력을 보유한 사람도 있었다.

A군은 발음도 안 좋았고, 수업 시간에 엉뚱한 질문을 많이 했

다. 그 모습을 보고 주변 사람은 항상 기가 막힌다며 그를 무시했다. 그 사람들이 보기에 뻔한 내용을 질문했기 때문이다. 하지만 A군은 좌절하지 않고 계속 질문하고, 영어로 열심히 말하려고 했다.

그런데 조금 영어를 할 줄 안다는 자부심이 있는 다른 학생들은 간단한 질문도 하지 못했다. 또한 영어로 말을 해야 하는 상황에서도 실패가 두려워서 뒷걸음질 쳤다. 1년 후 A군은 영어로 거침없이 말하게 되었다. 다른 학생들은 입학 당시의 수준에서 거의 나아지지 않았다.

이 이야기는 모르는 것을 있는 그대로 드러내는 일, 하지 못한다는 사실을 숨기지 않는 일, 실패해도 끝까지 포기하지 않는 것의 위대함을 알려준다. 무언가를 배울 때 "그건 알고 있지"라며 알고 있는 부분에 중점을 두느라 앞으로 나아가지 못하는 사람이 있다. 알고 있다는 사실을 확인하고 만족하고 말기 때문이다.

"모르니까 가르쳐줘."
"알고 있지만, 그렇게까지 자세히 알지 못하니까 가르쳐줘."

"도와줬으면 좋겠어."

이런 말을 할 수 있는 용기가 사람을 성장시킨다.

주저하지 말고 "잘 몰라요"라고 솔직하게 말하자.

가르쳐줘. 구해줘. 도와줘.

제대로 말하는 것도 용기가 필요하다.

# 나부터
# 친절해진다

**친절 보험의 법칙**

**_다른 사람을 친절하게 만든다**

"이야기를 걸어주지 않아요."

"친절하게 해주지 않아요."

"인정해주지 않아요."

내 상담실에는 상당한 수의 사람들이 이런 고민을 안고 찾아온다. 그럴 때 나는 이런 질문을 한다.

"당신은 어떤 사람에게 말을 걸고 싶나요?"

"어떤 사람에게 친절하게 하고 싶나요?"

"어떤 사람의 일을 인정하고 싶나요?"

그러면 말을 걸어주는 사람, 자신에게 친절하게 대해주는 사람, 자신의 일을 인정해주는 사람이라는 대답이 돌아온다. 조건은 그것뿐이다. 그래서 나는 이렇게 답한다.

"먼저 당신이 주변 사람에게 말을 걸어보세요."

"먼저 당신이 주변 사람에게 친절하게 대해주세요."

"다른 사람의 결점을 찾지 말고 주변 사람의 좋은 점을 먼저 인정해주세요."

할 일은 이것뿐이다.

"하지만 상대가 해주지 않는데 나부터 할 수는 없어요"라고 하는 사람도 있다. 이럴 때는 보험을 든다고 생각해보자. 내가 먼저 돈을 내지 않으면 보험을 들 수 없다. 마치 보험료처럼 친절함을 비축하는 것이다.

"항상 토라져 있지 말고 자신이 받고 싶은 일을 주변 사람에게 해주세요."

이것이 상대가 나에게 말을 걸고, 친절하게 대해주고, 인정해 주는 방법이다.

 **Point** 대화해보고 싶은 사람이 있다면 먼저 말을 걸자.

# 가치관에 따라
# 소신껏 살아가라

## 나루터의 배 법칙

### _우연의 일치를 일으킨다

내 생각이지만, 사람은 각각 사명, 역할, 목적을 지니고 태어난다. 물론 갓 태어났을 무렵에는 깨닫지 못한다. 어른이 되어서도 깨닫지 못하기도 한다. 그런데 나는 이 일을 하면서 인생의 터닝 포인트를 알려주는 신호가 있음을 깨달았다.

각자 태어날 때부터 지닌 고유한 역할이 있음에도 우리는 부모와 사회의 가치관을 교육 받으면서 자란다. 그리고 어느 정도 가치관이 확립되기 전까지 그에 따라 살아간다. 하지만 머지않아 내면에서 사명감이 솟아오를 때가 온다. 그래서 그때까지 자신이 살아온 방식에 반감을 갖거나 '나는 이런 일을 하고 싶다'라는 생각을 하게 된다.

하지만 인간 사회, 지역 사회 속에는 각각의 규칙, 일반적인 생각이 있다. 자신의 내면에서 떠오른 위화감이 그 규칙에 반한다면 우리는 대부분 억누르고 살아간다. 주변 사람에게 비난받을 수도 있기 때문이다. 그래서 자기 내면에서 솟아오른 생각을 봉인하고 평범하게 살아가려고 한다. 그러면 자신만의 규칙에서는 점점 벗어나게 된다. 그리고 그 규칙에서 지나치게 어긋나면 언젠가 매우 뼈아픈 사건을 겪게 된다. 마치 인생의 탈선 사고와 같은 참사가 일어날 수도 있다.

하지만 너무 두려워할 필요는 없다. 사실 탈선 사건은 인생의 방향을 전환하는 기회가 되기도 하니까. 하지만 대부분의 사람들은 사건 발생 후 이전보다 더 평범하게 살아가는 길을 선택한다. 인생이 바뀌는 것이 두렵기 때문이다. 하지만 반대로 용기를 내서 부모나 세상이 아닌 자신의 가치관에 따라 인생을 살기로 결심해보자. 그러면 그동안 어둡고 어긋났던 인생 선로에 등이 밝혀질 것이다.

자신의 가치관에 따르면

인생에 우연의 일치가 일어난다.

강을 건너려고 나루터에 갔는데 마침 배가 있는 상황인 것이다. 그 배에는 목적지가 적혀 있지 않다. 게다가 뱃사공은 "지금 가진 것을 전부 버리지 않으면 탈 수 없어요"라고 말한다. 목적지가 쓰여 있지 않아도 전부 버리고 타보자. 그 배에 탈 용기를 내면 인생의 흐름은 원활해질 것이다.

 세상의 규칙보다 자신의 생각을 더 소중하게 여기자.

# 자신의 느낌을
# 솔직하게 전달하라

## 선(先) 탈의 법칙

### _자기 노출을 재촉한다

자신의 내면에 부끄러운 사건, 알려지기 싫은 일, 말하고 싶지 않은 것이 많을수록 사람은 그것을 지키려고 마음을 닫는다. 자존심이 걸려 있기 때문이다. 그러나 자신의 마음을 여는 일, 즉 자기 노출을 해야 비로소 커뮤니케이션이 원활해진다. 그러려면 자신이 먼저 벗어야 한다.

친구와 온천에 갔을 때 처음에는 서로 눈치만 보며 옷 벗기를 주저한다. 하지만 내가 먼저 옷을 벗으면 상대도 안심하고 탈의하고 탕에 들어갈 수 있다. 커뮤니케이션도 마찬가지다. 나는 대화가 어렵다고 하는 사람들에게 먼저 속마음을 털어놓으라고 말한다. 하지만 속마음을 어떻게 전달해야 하는지 방법을 잘 모르는 사람에게는 꽤 어려운 일이다. 특히 무언가를 개선하고 싶은 상황이나 인간관계를 해결하기 위한 나의 추천 방법은 '너는~'이 아니라 '나는~'으로 이야기를 시작하는 것이다.

심리학 기법 중에 'I 메시지', 즉 '나 메시지'라는 것이 있다. 만약 "당신의 이런 점을 고쳤으면 좋겠어"라는 말을 하고 싶을 때, '당신'으로 시작하면 상대방의 단점을 지적하거나 공격하는 표현이 될 수 있다. 그러니 "나는 당신이 이렇게 하면 마음이 아파", 혹은 "나는 당신이 이렇게 해주면 좋을 것 같아"라는 식으로 '나는'으로 시작하는 것이다. '나는~'의 뒤에 자신의 기분을 솔직하게 전달하면 된다.

"당신의 허술한 시간관념을 고쳤으면 좋겠어"라고 말하지 말고, "나는 당신이 약속 시간에 늦으면 걱정이 되고, 불안해", "나는 당신이 약속 시간을 꼭 지켜주었으면 좋겠어"라고 하는 편이 더 직접적인 커뮤니케이션이다. 또 "너, 그 말투 정말 기분이 나빠!"라고 말하기보다 "나는 네가 그렇게 말하면 속이 상해", "나는 네가 나한테 좀더 친절하게 대해주길 바라"라고 말하면 된다.

누군가 자신을 진심으로 알아주기를 바란다면 솔직하게 자신의 진심을 말하는 게 좋다. 그러니 '너는'이 아닌 '나는'으로 대화를 시작해보자. 상대방이 마음 열기를 기다리지 말고, 자신이 먼저 마음을 열어보자.

**Point**

'나는~'으로 대화해보자.

# 진짜 속마음을
# 깨닫는다

## 상식론 무장의 법칙
### _상대에게 자신의 생각을 강요해 싸움을 초래한다

'나는'으로 시작하는 'I 메시지'는 매우 중요하다. 하지만 커다란 함정이 하나 있다. 직장에서 커뮤니케이션을 하다가 분쟁이 생겨서 상대방의 말투에 화가 날 때가 있다. 그래서 "나는 그 말투 때문에 화가 났어"라는 의견을 전달하고자 한다. '나는~'으로 시작하므로 'I 메시지'가 된다. 게다가 그것이 속마음이라고 생각하기에 용기를 내서 말해본다.

하지만 애석하게도 이것은 속마음이 아니다. 속마음이 감춰진 표면에 불과하다. 이런 말을 상대에게 했다가 큰 화를 불러오는 사태가 종종 일어나는데, 당연히 그럴 수밖에 없다. '그 말투 때문에 화가 났다'는 마음 뒤에는 속마음이 숨겨져 있기 때문이다.

'어째서 그것에 화가 났는가?'
'사실은 어떻게 하고 싶은가?'

그것이 속마음의 속마음이다.

- 좀더 친절하게 말해주기 바랐다. ➡ 소홀하게 취급해서 섭섭했다.
- 좀더 나를 소중하게 여겨주기 바랐다. ➡ 소중하게 대해주지 않은 기분이 들어서 슬펐다.

하지만 주위의 시선이 신경 쓰여서, 멋쩍어서 말하지 못한다. 그런데 여기에서 속마음이란 무엇인지 잘 생각해야 한다. 속마음이란 자신이 정말로 원하는 것을 말한다. 하지만 대부분의 사람들은 자신의 속마음을 잘 털어놓지 않는다. 정말로 원하는 것이 매우 사소하거나, 말하기 부끄러운 것, 자존심이 상하는 것이 많기 때문이다.

그리고 정말로 원하는 것이 이루어지지 않았을 때 슬픔이나 분노를 느낀다. 이 슬픔이나 분노를 나는 속마음 속의 속마음이라고 표현한다.

속마음 속의 속마음을 말하지 못하기 때문에 "말투가 이상해", "그 방법은 이상해", "상사인데 그렇게까지 하지는 않겠지", 혹은 "부모라면 응당 이렇게 해야지"라는 상식론을 펴 상대를 공격한다. 이렇게 상식론으로 무장하고 주변 사람의 생각이나 감정을 받아들이지 않는다. 하지만 그렇게 상식론으로 무장한 말 속에는 속마음이 들어 있다.

"말하지 않아도 알아차려야 해."
"창피하니까, 내 입으로 말하게 하지 마."

속마음을 말하지 않고 '이렇게 해야 한다'는 상식론만 들먹이기 때문에 싸움이 된다. 받은 측은 전투태세에 들어가거나 방어태세에 들어가 움츠리게 된다.

말로 표현하지 않고 속마음을 알아주기 바라는 것은 말도 안되는 일이다. 다른 사람에게 상식론을 펴며 공격하지 말고 "사실

공격적으로 말해서는

대화가 되지 않는다.

은 소중히 대해주었으면 좋겠어"라고, "나에게 관심을 가져줘"라
고 솔직하게 표현하면 어떨까?

 멋쩍어서 말하지 못한 속마음은 무엇인가?

# 포기하지 말고
# 계속 하라

## 임계질량의 법칙

### _ 어느 날 갑자기 꿈이 이루어진다

나는 가끔 스키를 타지만 본래 그렇게 재주 있는 편이 아니라서 능숙하게 타지 못했다. 하지만 제대로 스키를 타고 싶어서 시즌마다 연습하고, 스키 관련 책을 읽거나 비디오를 보면서 연구했다. 그래도 쉽게 뜻대로 탈 수 없었다.

그러던 어느 해, 여느 때처럼 타고 있는데, 갑자기 내가 원하는 방법대로 탈 수 있게 되었다. 정말 갑자기 뜻대로 탈 수 있는 순간이 찾아온 것이다. 그리고 그 이후부터는 몸이 그 방법을 기억하게 되었다.

이렇게 아무리 연습을 해도 늘지 않던 실력이 어느 한순간 느는 현상을 '임계질량의 법칙'이라고 한다. 이 법칙은 물질의 변화에는 임계점이 존재하며, 그래서 얼음이 물로 변하기 위해서는 섭씨 100도가 되어야 하고, 그 이하일 때는 물이 끓지 않는 현상을 말한다.

우리의 일상에서도 마찬가지다. 일부 천재나 재능이 뛰어난 사람을 제외하고 대부분은 어떤 일을 할 때 반드시 직면하는 벽이 있다. 벽을 넘기 위해서는 물을 끓이기 위해 지속적으로 열을 가해야 하는 것처럼, 우리 역시 벽을 치고, 점프하고, 다양한 방법을 동원해 시도해봐야 한다. 벽을 쉽게 넘는 방법은 이 세상 어디에도 존재하지 않기 때문이다. 물론 쉽지 않다. 그래도 계속 시도해보자. 그러면 어느 순간 물이 끓는 것처럼 그 일을 잘 할 수 있게 될 것이다.

마음도 마찬가지다. 긍정적인 사고방식을 하지 못하고 부정적인 일만 생각하며 타인에게 친절하게 대할 수 없다면? 먼저 받아들이기 어려운 것을 받아들여본다. 허용하기 어려운 것을 허용해본다. 할 수 없어도 해본다. 쉽게 되지는 않을 것이다. 그래도 하고 또 해본다. 그러면 어느 날 뿅 하고 가능하게 될 것이다.

이렇게 반복적으로 훈련하면 갑자기 문이 열린다. 어제까지 불가능했던 일이 오늘은 갑자기 가능해진다. 이 순간은 포기하지 않고 계속한 사람에게게만 찾아온다. 내일 할 수 있을지도 모르고, 한 번만 더하면 할 수 있을지도 모른다. 언젠가 이 순간이 오는 것을 알고 있으면 그날을 기대하면서 담담히 지속할 수 있을 것이다.

**Point**

포기하면 더 이상 발전은 없다.

## 원활한 인간관계를 위한 Tip 5

★ 생각한 것을 말하지 않고 쌓아둬서 괴로워질 때는 과감히 푸념이나 험담, 속마음을 말해본다.

★ 자신의 결점과 미숙한 부분이 싫어질 때는 숨기지 말고 드러낸다.

★ 누군가 또는 사회의 통념이 아니라 자신의 가치관에 따라 자기 인생을 살아보자.

★ 할 수 없다고 생각해도 몇 번씩 도전하면 언젠가 문이 열린다.

나가는 글

……그렇구나

이 책을 읽고 "……그래도"라고 생각하지 말고, "……그렇구나"라고 하기 바란다.

# 이제 치유할 시간입니다

이 책의 작가 고코로야 진노스케는 일본의 유명한 심리 상담가이자 세미나 강사입니다. 그는 특히 연예인의 고민을 해결해주는 '해결! 나이나이 앤서(解決! ナイナイアンサー)'라는 TV 프로그램에 상담사로 출연하면서 화제를 모았다고 합니다. 게다가 상당히 많은 책을 집필해 출간하고 있습니다. 국내에도 《나한테 왜 그래요?》, 《좋아하는 일만 하며 사는 법》, 《너무 노력하지 말아요》, 《누구나 성격을 바꿀 수 있다》 등은 이미 출간되었죠. 이 작가는 어째서 이토록 많은 관심과 사랑을 받을 수 있었을까요? 수많은 카운슬링 경험을 토대로 사람들의 상처받은 마음을 따뜻하게 어루만져주기 때문일 것입니다.

그의 많은 저서 중에서 이 책은 특히 인간관계에 초점을 맞추고 있습니다. 사람은 혼자 살 수 없는 존재이고, 태어나서 죽을 때까지 수많은 사람과 관계를 맺으며 살아갑니다. 그 속에서 문제가 발생했을 때 심각하게 고민하는 사람도 있고, 대수롭지 않게 받아들이는 사람도 있습니다. 이렇게 사람마다 정도의 차이는 있지만, 어쨌든 살면서 인간관계로 고민하지 않는 사람은 없습니다. 따라서 이 책의 내용에 많은 사람이 공감할 것입니다.

우리는 흔히 사람은 바뀌지 않는다고 말합니다. 하지만 부모 자식 사이에서, 연인이나 친구 사이에서, 직장 상사나 동료 사이에서 상대를 바꾸려고 부단히 노력을 기울입니다. 자신이 생각하는 방향으로 상대를 이끌려고 하고, 그것이 옳다고 믿는 것이지요.

하지만 이 책을 읽으면 그럴 필요가 없다는 사실을 알 수 있습니다. 인간관계에서 발생하는 문제의 상당한 부분이 상대가 아닌 자신의 내면에 있음을 깨닫기 때문입니다. 상대가 아닌 자신의 내면을 들여다보는 일, 그것이 상대를 바꾸려고 노력하는 것보다 훨씬 쉬울지도 모릅니다.

또한 이 책에서 작가가 강조하는 부분은 '솔직하게 표현하라'는 것입니다. 우리는 항상 좋은 사람으로 보이기를 원합니다. 상대에게 하고 싶은 말이 있어도, 지금 마음속에 분노가 가득 차 있어도 표현하는 순간 나쁜 사람이 될까 무서워서 꼭꼭 감추려고 합니다. 그래서 속마음이 시커멓게 타들어 가고 말지요.

인간관계에는 정말 다양한 문제가 발생합니다. 작가는 이런 문제들을 세심하게 살펴보고 흥미로운 비유와 사례를 통해 우리가 어떻게 나아가야 할지 알려줍니다. 회사에 보기 싫은 사람이 있어서 출근하는 길이 가시밭길처럼 느껴질 수도 있고, 꼴 보기 싫은 사람을 어떻게 대해야 할지 고민하기도 하며, 나보다 잘나가는 사람들 틈에서 한없이 작아진 경험도 있을 것입니다.

최근에는 SNS를 통해 타인과 쉽게 교류할 수 있는 만큼 남들과 자신을 비교해서 쓸데없이 열등감에 사로잡히는 경우도 많지요. 이렇듯 현대는 인간관계가 더욱 복잡한 시대라고 해도 과언이 아닙니다. 그런 시대를 살아가는 독자들에게 이 책은 인간관계로 상처받은 마음을 치유하는 시간이 되어줄 것입니다.

나는 왜 화도 제대로 못 낼까

ⓒ 고코로야 진노스케, 2017

초판 1쇄 인쇄  2017년  9월 29일
초판 1쇄 발행  2017년 10월 20일

지은이  고코로야 진노스케
옮긴이  정지영

펴낸이  이성림
펴낸곳  성림북스

책임편집  황남상
디자인  이미연
마케팅  신용천

출판등록  2014년 9월 3일 제25100-2014-000054호

주소  서울시 은평구 연서로3길 12-8, 502
대표전화 02-356-5762  팩스 02-356-5769

이메일  sunglimonebooks@naver.com
페이스북  https://www.facebook.com/sunglimonebooks/
블로그  http://blog.naver.com/sunglimonebooks

ISBN  979-11-958654-4-4 (03190)